AI와 프랑스 시

인공지능총서

인공지능 시대입니다. 기계가 인간의 인지를 대신하고, 사물이 인간을 통하지 않고 다른 사물과 직접 커뮤니케이션합니다. 이에 따른 인간 삶과 문명 변화를 정확히 이해·예측·대응하는 것은 이 시대 우리 모두의 과제입니다. 인공지능총서는 인공지능 기술과 환경의 여러 주제를 10가지 키워드로 정리합니다. 관련 개념과 이론, 학계와 산업계의 쟁점, 우리 일상의 변화를 다룹니다. 인간과 기술의 현재, 미래를 세심히 분석합니다.

일러두기

- 인명, 작품명, 저서명, 개념어 등은 한글과 함께 괄호 안에 해당 국가의 원어를 병기했습니다.
- 외래어 표기는 현행 어문규정의 외래어표기법을 따랐습니다.
- 이 저서는 2022년 대한민국 교육부와 한국연구재단의 지원을 받아 수행된 연구임.(NRF-2022S1A5C2A04093121)

처음이세요?

전문가세요?

지금, 큐알 찍으면

- AI 입문서 바로 선물
- 당신만의 필독서 추천
- 500권 요약본 공짜
- 오디오북 무료 사용

AI와 프랑스 시

곽민석

대한민국, 서울, 커뮤니케이션북스, 2025

AI와 프랑스 시

지은이 곽민석
펴낸이 박영률

초판 1쇄 펴낸날 2025년 8월 30일

커뮤니케이션북스(주)
출판 등록 2007년 8월 17일 제313-2007-000166호
02880 서울시 성북구 성북로 5-11
전화(02) 7474 001, 팩스(02) 736 5047
commbooks@commbooks.com
www.commbooks.com

ISBN 979-11-430-0431-4 03500

책값은 뒤표지에 표시되어 있습니다.

차례

아날로그에서 디지털로: 프랑스 시의 패러다임의 전환

프랑스 시문학의 발전 과정과 인공지능(AI) 기술의 융합이 문학 연구에서 차지하는 중요성은 디지털 시대의 도래와 함께 더욱 심화된 논의의 중심에 위치하게 되었다. 본 글은 전통적인 아날로그 방식의 시 창작에서 디지털 기술이 개입하는 현대적 창작 방식으로의 이행 과정에서 프랑스 시문학이 어떻게 변화해 왔는지를 체계적으로 분석한 것이다. 동시에, 인공지능 기술의 발전이 시 창작과 감상, 문학적 해석과 비평의 영역에서 어떤 새로운 가능성을 제시하는지를 학술적으로 고찰하는 것을 목표로 하고 있다.

특히, '자연어 처리 기술(프랑스어: traitement du langage naturel, TLN. 영어: natural language processing, NLP)'과 같은 인공지능 기반 언어 생성 기술이 정교해짐에 따라, 시 창작의 본질, 창작 주체로서의 시인의 역할, 독자의 참여 방식에 대한 철학적 · 미학적 · 문학적 논의가 새롭게 제기되고 있다. 이에 따라 프랑스 시문학 전통이 기술적 변화를 어떻게 수용하고 변모해 왔는지를 면밀히 탐구하는 것은 시와 기술의 관계를 보다 깊이 이해하는 데 필수적인 작업이 된다.

프랑스 시문학의 역사는 '형식'과 '표현'의 지속적 혁신으로 특징지어진다. 19세기 말에서 20세기 초에 걸쳐 스테판 말라르메(Stephane Mallarme), 아르튀르 랭보(Arthur Rimbaud), 기욤 아폴리네르(Guillaume Apollinaire)와 같은 시인들은 전통적 운율과 형식적 제약에서 벗어나' 새로운 시적 언어'와 '시각적 표현'의 가능성을 탐구했다. 그들은 시적 실험을 통해 전통적 의미 구조를 해체하고, 언어와 이미지, 음향적 요소가 결합하는 새로운 표현 방식을 모색했다. 이러한 혁신적 시도는 기술과 예술의 접점에서 전개된 실험적 창작 방식으로 이어졌으며, 이후 여러 문학적 실험을 통해 더욱 확장되었다.

20세기 초 아폴리네르의 '칼리그람(calligrammes)' 기법의 시적 시도는 언어를 단순한 의미 전달의 매체로 보는 것이 아니라 시각적 요소와 결합하여 새로운 차원의 시적 경험을 창출할 수 있는 가능성을 보여 주었다. 이러한 형식적 실험은 후대에 더욱 정교한 방식으로 발전하였으며, 1960년대 울리포(OuLiPo, Ouvroir de Litterature

Potentielle) 작가들은 수학적 알고리즘과 규칙 기반 창작 방법론을 활용하여 문학적 실험을 전개했다. 그들은 언어의 구조적 가능성을 확장하고, 창작 과정에서 규칙성과 우연성을 결합하는 방식을 통해 문학의 새로운 형태를 탐색했다. 이 과정에서 '규칙성과 우연성의 변증법적 결합'이 프랑스 시문학에서 어떻게 구현되었는지가 드러난다. 울리포의 실험은 단순히 형식적 변화를 넘어 창작 과정 자체에 대한 철학적 논의를 불러일으켰으며, 이는 현대의 인공지능을 활용한 시 창작 방식과도 연결될 수 있다.

이후 20세기 중반에는 '구체시(poesie concrete)' 등의 실험적 문학 운동이 등장하여 언어를 더욱 시각적이고 구조적인 차원에서 탐구하는 시도를 하게 된다. 구체시는 음성과 문자의 관계, 물리적 형태를 중요하게 다루며, 시각적 요소와의 융합을 더욱 강화했다. 디지털 혁명의 도래와 함께 이러한 실험적 전통은 더욱 다변화되었으며, '하이퍼텍스트 시(poesie hypertextuelle)', '전자문학(litterature electronique)', 그리고 최근의 'AI 생성 시'에 이르기까지 기술적 매개를 활용한 시적 창작 방식은 폭넓은 형태로 발전했다. 하이퍼텍스트 시는 독사가 개입하여 시의 흐름을 결정할 수 있도록 설계된 문학 형식이며, 전자문학은 디지털 환경에서만 구현 가능한 다층적 서사 구조와 상호작용성을 강조한다. AI 기술이 발전함에 따라, 기계 학습을 기반으로 한 언어 모델이 시적 창작을 수행하는 실험도 활발히 이루어지고 있다.

이러한 변화 속에서 프랑스 시문학은 단순한 형식적 혁신을 넘어 창작 주체성과 독자의 역할, 문학적 의미 생성 과정에 대한 근본적인 질문을 던지고 있다. 기술적 매개가 창작 과정에 개입하면서, 인간 창작자의 역할과 AI의 협력적 창작 가능성이 새로운 문학적 지평을 열어 가고 있다. 이에 대한 학제적 논의가 활발히 이루어지고 있으며, 전통과 현대 기술이 교차하는 지점에서 프랑스 시문학은 계속해서 새로운 실험을 이어 가고 있다.

따라서 본 저서에서는 전통적 시문학과 현대 기술이 결합하는 과정에서 프랑스 시문학이 보인 다양한 실험적 경향을 조망하며, 인공지능 시대에 시적 창작과 감상의 개념이 어떻게 확장되었는지를 분석할 것이다. 또한, 인공지능 기술이 단순히 시인의 창작성을 대체하는 것이 아니라, 창작 과정의 도구로서 기능할 가능성을 탐색하며, 이러한 변화가 시문학의 본질과 시적 주체의 개념에 미치는 영향을 심층적으로 논의할 것이다. 나아가, 본 저서에서 제시하는 이론적 · 비평적 탐구는 인공지능

이 단순한 보조 도구를 넘어 독자적 창작 주체로 기능할 가능성에 대한 논의를 포함하여, 디지털 시대 문학 연구의 새로운 방향성을 보여 주게 될 것이다.

디지털 기술과 프랑스 시의 변혁

1960~1970년대부터 인공지능과 컴퓨터 언어학 연구자들에 의해 개발된 자동 텍스트 생성 프로그램에 이어 1980년대와 1990년대에 이르러 컴퓨터 기술이 비약적으로 발전하면서, 프랑스 시문학에서도 디지털 매체를 활용한 새로운 형태의 시적 표현이 등장하기 시작했다. 디지털 시는 텍스트를 '고정된 매체(media fixe)'에서 해방해 '움직임', '상호작용', '멀티미디어적 표현'이 가능하도록 만들었다. 이는 프랑스뿐 아니라 국제 전자문학의 흐름에서 중요한 역할을 했으며, 현대 디지털 시학의 초석을 다진 컬렉션으로 평가받고 있다. 특히, 문학적 글쓰기가 더 이상 텍스트만으로 한정되지 않고, 코드와 알고리즘의 개입을 통해 새로운 창작 방식으로 확장될 수 있음을 보여 준 점이 의미가 있다고 할 수 있다. 아울러 이러한 변화는 프랑스 시의 전통적인 경계를 확장하고, 독자를 단순한 감상자가 아닌 '능동적 참여자'로 변화시켰다.

특히 프랑스의 디지털 시는 '언어의 물질성(materialite du langage)'과 '시각성(visualite)'에 대한 깊은 관심을 바탕으로, 텍스트, 이미지, 그리고 소리의 복합적 상호작용을 통해 새로운 시적 경험을 창출했다. 예를 들어, 필리프 부츠(Philippe Bootz)와 같은 작가는 디지털 인터페이스를 활용하여 독자가 시의 흐름을 조작할 수 있는 '인터랙티브 시(poesie interactive)'를 창작하며 전통적인 독서 방식에 도전했다. 이처럼 프랑스의 디지털 시는 기술과 예술의 결합을 통해 시의 본질을 재정의하는 작업을 지속적으로 수행해 왔다.

인공지능과 시적 창작의 전환

21세기에 들어서면서 인공지능의 등장은 이러한 디지털 시의 발전을 새로운 차원으로 끌어올렸다. 특히 '자연어 처리'와 '기계 학습' 알고리즘의 발전은 AI가 단순한 도구를 넘어 창작의 협업자이자 때로는 독립적인 창작자로서의 역할을 수행할 수 있도록 만들었다. 2020년대에 들어 GPT와 같은 대형 언어 모델이 인간과 유사한 수준의 시를 생성할 수 있게 되면서, 시적 창작의 본질과 작가의 역할에 대한 근본적인 질문이 제기되었다.

프랑스 시문학에서 이러한 패러다임 전환은 형식적

실험의 오랜 전통과 밀접하게 연결되어 있다. 예를 들어, 아폴리네르의 '칼리그람'은 텍스트를 단순한 의미 전달 도구가 아닌 시각적 예술로 활용하는 방식을 개척했다. 또한 울리포 그룹은 수학적 알고리즘을 활용한 창작 기법을 실험하며, 규칙성과 우연성이 결합한 새로운 창작 방식을 제안했다. 이러한 실험적 전통은 디지털 시와 AI 시의 발전에 중요한 이론적 기반과 미학적 원리를 제공했다.

AI 시대의 프랑스 시문학: 연구의 방향

본 연구에서는 이러한 관점에서 프랑스 시의 전통부터 AI 시대에 이르는 흐름을 탐구하고자 한다. 각 장에서는 프랑스 시의 다양한 측면과 디지털 전환, 그리고 AI와의 융합을 상세히 분석하며, 문학적, 기술적, 철학적 관점에서 이러한 변화의 의미를 고찰할 것이다. 특히, '시적 주체'의 개념 변화, 창작 과정의 전환, 독자와의 관계 재정립 등 AI 시대에 프랑스 시가 직면한 핵심 이슈를 중점적으로 다룰 것이다.

결론적으로, 프랑스 시문학은 '형식적 실험'과 '미학적 탐구'를 통해 끊임없이 변화해 왔다. 19세기 샤를 보들레르(Charles Baudelaire), 랭보, 말라르메로 대표되는 상징주의 시인들은 시적 언어의 가능성을 탐구하며 현대적 감수성을 개척했다. 20세기에 이르러 초현실주의, 구체시, 울리포와 같은 다양한 문학 운동이 등장하면서 시의 형식과 내용이 더욱 실험적으로 변화했고, 그리고 21세기에 들어, 디지털 기술과 AI의 발전 속에서 프랑스 시는 또 한 번 새로운 국면을 맞이하고 있다. AI와 디지털 기술이 시문학에 미치는 영향으로 프랑스 시의 전통적 흐름과 현대적 변화가 유기적 관계에서 진화하고 있는 것이다.

참고문헌

Balpe, Jean-P.(2000). *L'Art et le numerique*. Hermes.

Bouchardon, S.(2014). *La Valeur heuristique de la litterature numerique*. Hermann.

Donguy, J.(2023). *Essai sur la Poesie numerique: Ou vers un elargissement du langage*. Les Presses du Reel.

Saemmer, A.(2015). Poesies dans, et hors le numerique. in *Poesies delivree*. Presses universitaires de Paris Nanterre, 2015.

01
프랑스 시의 전통과 변화

프랑스 시문학의 역사는 중세부터 현대까지 다양한 형식적, 내용적 변화를 거쳐 왔다. 프랑스 시는 각 시대의 사상적 · 문화적 흐름과 맞물려 발전해 왔으며, 정치적 · 사회적 환경의 변화 속에서 지속적으로 새로운 표현 방식을 모색해 왔다. 이러한 흐름 속에서 프랑스 시는 전통적인 형식과 주제를 계승하면서도, 시대적 요구에 부합하는 실험적 시도를 통해 끊임없는 변화를 이루어 왔다.

AI와 1인 창업?

중세에서 르네상스: 형식의 기원과 발전

중세 프랑스 시문학은 음유시인 '트루바두르(troubadour)'와 '트루베르(trouvere)'의 서정시에서 비롯되었다. 이들은 주로 궁정 사랑과 기사도를 주제로 한 노래를 작곡하였으며, 운문 형식의 발전에 기여했다. 중세 말기에는 프랑수아 비용(Francois Villon)과 같은 시인이 등장하여 보다 현실적이고 풍자적인 내용을 다루기 시작했다.

르네상스 시대에는 인문주의 사상이 확산되면서 '플레이아드(La Pleiade)' 그룹이 등장했다. 피에르 드 롱사르(Pierre de Ronsard)와 조아킴 뒤 벨레(Joachim du Bellay)를 중심으로 한 이 그룹은 고전 문학을 부흥시키고, 프랑스어의 문학적 정체성을 확립하려는 노력을 기울였다. 이들은 라틴 문학의 전통을 계승하면서도 프랑스어의 운율과 어휘를 확장하는 데 기여하였다.

17~19세기: 고전주의에서 낭만주의로

17세기 '고전주의' 시대에는 니콜라 부알로(Nicolas Boileau)의 《시학(L'Art poétique)》(1674)에 나타난 엄격한 운율과 형식이 시 문학을 주도했다. 이 시기의 시는 '명료성'과 '질서'를 중시하며, 감정보다는 이성을 강조하는 특징을 지녔다. 그러나 18세기의 계몽주의 시기는 문학적 변화를 예고하는 시기로, 개인적 감성과 자연에 관한 관심이 점차 증대되었다.

19세기에 들어서면서 낭만주의 시인들, 특히 알퐁스 드 라마르틴(Alphonse de Lamartine), 빅토르 위고(Victor Hugo), 알프레드 드 뮈세(Alfred de Musset)는 자연과 개인의 감정을 강조하는 시적 흐름을 주도했다. 이들은 감정의 자유로운 표현과 주관적 경험을 중시하며, 시의 주제를 확장했다. 이후 보들레르의 《악의 꽃(Les Fleurs du mal)》(1857)은 전통적인 시적 주제에서 벗어나 현대적 감수성을 도입하며 상징주의의 등장을 예고하게 된다.

19세기 후반: 상징주의와 언어 실험

보들레르의 영향을 받은 말라르메와 랭보는 상징주의 시의 대표적인 인물로, 시적 언어의 새로운 가능성을 탐색했다. 말라르메는 《목신의 오후(L'Après-midi d'un faune)》(1876)에서 암시적인 표현과 복잡한 상징을 사용하였으며, 랭보는 《지옥에서 보낸 한 철(Une saison en enfer)》(1873)에서 언어와 의미의 관계를 해체하는 실험적 시도를 함으로써, 현대 시문학의 기초를 세우게 된다.

20세기 초: 모더니즘과 아방가르드 운동

20세기 초 '아방가르드(avant-garde)' 새로운 문학 운동의 중심에 있었던 아폴리네르는 자신의 전위적인 대표 시 작품인 《알코올(Alcools)》(1913)과 《칼리그람(Calligrammes)》(1918)을 통해 실험적 형식을 탐구하게 되는데, 특히 칼리그람은 시각적 요소를 활용하여 문자와 의미를 결합한 혁신적인 형식을 보여 준다.

이후 초현실주의(surrealisme) 시인 앙드레 브르통(Andre Breton)은 새로운 미학 이론을 담은 《초현실주의 선언(Manifeste du surrealisme)》(1924)을 발표하여 '자동기술법(ecriture automatique)'을 통해 무의식적 사고를 표현하려 했다. 초현실주의 시는 이성과 논리를 거부하고 자유로운 연상을 중시하며, 무의식과 꿈의 세계를 탐색하는 데 집중했다.

20세기 후반: 실험적 형식과 디지털 시

1950년대 이후, 프랑시스 퐁주(Francis Ponge)의 '사물시(poesie des objets)'와 함께 울리포(OuLiPo, Ouvroir de Litterature Potentielle) 그룹이 수학적 제약을 통한 문학

적 실험을 전개하게 된다. 특히 레이몽 크노(Raymond Queneau)와 조르주 페레크(Georges Perec)은 정형성을 해체하는 새로운 창작 기법을 추구했다.

디지털 시대와 인공지능 시의 도전

1980년대 이후 디지털 기술이 발전하면서 프랑스 시는 새로운 국면을 맞이했다. 특히 부츠를 비롯한 디지털 시인들은 컴퓨터를 활용한 전자문학(litterature electronique)의 가능성을 탐구하며, 기존의 종이 기반 문학과는 본질적으로 다른 창작 방식과 수용 방식을 실험했다. 1989년에는 디지털 시 전문 문예 잡지인 《ALIRE[Lecture, Art, Innovation, Recherche, Ecriture: 알리르(읽기, 예술, 혁신, 연구, 쓰기 그룹)]》가 창간되었으며, 이 잡지는 인쇄물이 아닌 소프트웨어 기반의 문학 컬렉션으로서 하이퍼텍스트, 알고리즘, 멀티미디어 요소 등을 적극적으로 활용했다. 초기에는 플로피 디스크와 시디롬(CD-ROM) 같은 물리적 저장 매체를 통해 작품이 배포되었으나, 인터넷의 발전과 함께 점차 온라인 플랫폼을 중심으로 유통되기 시작했다. 《알리르》의 작품들은 단순한 디지털 서적(e-book)이 아니라, 코딩과 프로그래밍을 통해 생성되는 시각적·동적 요소를 강조한 실험적 텍스트였다. 이러한 변화는 단순히 시의 표현 방식만이 아니라, 시의 본질과 독자와의 관계에 대한 근본적인 재고를 요구했다.

프랑스에서 최초로 디지털 시가 등장한 것은 20세기 후반으로, 장피에르 발프(Jean-Pierre Balpe)와 같은 선구적 작가들이 주도한 실험 덕분이었다. 특히 그가 설립한 'ALAMO(Atelier de Litterature Assistee par les Mathematiques et les Ordinateurs: 알라모(수학-컴퓨터 보조 문학실험실))'는 디지털 기술을 활용한 자동 생성 시의 가능성을 연구하는 중요한 거점이었다. 알라모에서는 컴퓨터를 단순한 도구가 아니라, 문학 창작을 위한 핵심 매개체로 활용하여 언어 규칙과 어휘 데이터베이스를 조합함으로써 자동으로 시 텍스트를 생성하는 실험을 수행했다. 이를 통해 기존의 시 창작 방식과 전통적인 작가의 역할을 재정의하는 새로운 문학적 패러다임이 모색되었다.

2000년대 이후 디지털 기술이 더욱 정교해지고 인터넷과 네트워크 환경이 급속히 확장되면서, 디지털 시의 창작 방식도 점점 더 다층적인 양상을 띠기 시작했다. 특히 2010년대 후반부터는 인공지능(AI)을 활용한 시 창작이 주목받으며, 전통적인 시 창작 기법과 기계적 알고리즘의 결합 가능성이 본격적으로 논의되었다. 프랑스 시에서 오랫동안 중요한 개념으로 자리 잡아 온 자동기술법과 우연성의 활용은 AI 기술과 결합하면서 새로운 형태의 시적 실험으로 확장되었다. 자연어 처리 모델인 GPT와 같은 기술의 발전은 시 창작의 과정뿐만 아니라, 독자와의 관계, 문학적 주체성, 창작 행위의 의미에 대한 근본적인 질문을 제기하고 있다.

AI가 생성하는 시는 단순히 기존의 문장을 기계적으로 조합하거나 인간 시인의 작품을 단순히 흉내 내는 것을 넘어선다. AI는 방대한 언어 데이터베이스를 학습하고, 특정한 문학적 패턴과 스타일을 분석하며, 이를 토대로 완전히 새로운 표현과 구조를 창출하는 능력을 점점 발전시키고 있다. 이러한 과정에서 AI는 단순한 알고리즘적 조작이 아니라, 언어의 가능성을 확장하는 방식으로 작동하며, 인간의 창작 과정과 비교될 수 있을 정도로 정교한 언어적 조합과 변주를 시도하고 있다.

특히, AI 시 창작의 핵심은 기존 문학의 언어적 규칙을 단순히 따르는 것이 아니라, 그것들을 재해석하고 변형하여 새로운 문맥을 창출하는 데 있다. 인간 시인이 언어를 가지고 실험하고 변주하며 새로운 의미를 부여하듯이, AI 역시 특정한 패턴을 기반으로 예상치 못한 표현을 만들어 내고, 전통적인 시적 기법을 새롭게 재구성할 수 있다. 이는 AI가 단순히 과거 문학의 데이터를 축적하고 반복하는 것이 아니라, 그 데이터를 바탕으로 독창적인 방식으로 언어를 배열하고 의미를 생성할 수 있음을 시사한다. 따라서 AI가 생성하는 시는 기존의 시적 형식과 비교했을 때도 충분히 창의적인 결과물을 만들어 낼 수 있으며, 이는 인간과 기계의 창작 경계를 다시 생각하게 만든다.

이러한 기술적 발전은 단순한 창작 기법의 변화에 그치지 않고, 시의 본질에 대한 전통적인 개념 자체를 흔드는 역할을 한다. 기존에는 시를 쓰는 행위가 인간 고유의 창조적 과정으로 간주되었지만, AI가 이러한 창작 활동을 수행할 수 있게 되면서, 문학 창작의 주체는 더 이상 인간에게만 국한되지 않을 가능성이 생겼다. 이로 인해, 기계가 단순한 창작 도구를 넘어 하나의 독립적인 창작 주체로 인정될 수 있는지에 대한 철학적 · 미학적 논의가 활발하게 이루어지고 있다. AI가 창작한 시를 어떻게 평가할 것인가, 그리고 그것을 진정한 예술로 인정할 수 있는가에 대한 문제는 현대 문학 이론에서도 중요한 화두가 되고 있다.

AI를 활용한 시 창작은 단순한 기술적 혁신을 넘어, 문학과 기술이 상호작용하는 방식을 근본적으로 변화시키고 있다. 과거에는 시를 창작하는 과정이 전적으로 인간의 경험, 감정, 상상력에 의존했던 반면, 이제는 알고리즘이 데이터 기반의 패턴 분석과 확률적 언어 모델을 통해 새로운 창작 방식을 제시할 수 있게 되었다. 이로 인해 독자가 문학 작품을 경험하고 해석하는 방식 또한 달라지고 있으며, AI 시에 대한 독자의 반응 역시 인간이 창작한 시와는 다른 차원에서 이루어질 가능성이 크다.

AI 시가 가지는 이러한 특성은 문학 감상의 기준에도 변화를 일으킬 수 있다. 전통적으로 시는 인간의 정서와 감각, 언어적 독창성이 결합된 예술로 간주되었지만, AI가 창작한 시를 감상하는 과정에서는 독자가 기계적 창작물 속에서 의미를 찾고 해석하는 새로운 방식이 필요하게 된다. AI가 만들어 낸 시적 표현들이 과연 인간적인 감동을 줄 수 있는가, 혹은 그것이 인간의 창작물을 단순히 모방하는 것인지에 대한 논의가 더욱 중요해지는 것이다.

이와 같은 변화는 궁극적으로 문학의 경계를 확장하고, 창작 행위에 대한 새로운 개념을 제시하는 계기가 될 수 있다. AI가 창작한 시를 단순한 기술적 산물로 볼 것인지, 아니면 문학적 창조 행위로 인정할 것인지는 여전히 논쟁의 여지가 많지만, 분명한 것은 AI의 발전이 문학 창작의 새로운 가능성을 열고 있다는 점이다. 앞으로 AI와 인간의 협업을 통한 시 창작이 더욱 활발해진다면, 우리는 문학의 정의 자체를 새롭게 고민해야 할 순간을 맞이하게 될지도 모른다.

참고문헌

Aquien, M.(2014). *La versification francaise*. PUF.

Benthien, C.(2020). La poesie a l'ere numerique, *INSL (International network for the study of lyric)*, 2.

Collot, M.(1997). *La Matiere-emotion*. PUF.

Donguy, J.(2007). *Poesies experimentales-Zone numerique (1953-2007)*, Les Presses du Reel.

Eppright, C.(2021.3.25). Qu'est-ce que le traitement du langage naturel(NLP)?. *OCI(Oracle Cloud Infrastructure)*.

Lebrun, T. & Audet, R.(2020). Une poesie machinique? Generation automatisee, intelligence artificielle et creation litteraire. *Communication & langages*, 203, PUF.

02
산문과 자유시

19세기 중반 프랑스 문학에서 혁신적 변화 중 하나는 산문시(poème en prose)의 등장과 자유시(vers libre)의 발전이었다. 이 두 형식은 전통적인 운율(métrique)과 각운(rime)의 제약에서 벗어나 시적 표현의 자유를 확장하는 데 중요한 역할을 했으며, 이 변화는 프랑스 현대의 실험시(poésie expérimentale) 토대를 마련하게 된다.

AI와 MBTI?

산문시와 자유시: 시의 새로운 패러다임

전통적으로 프랑스 시는 엄격한 형식적 규칙을 따르는 것이 필수적이었다. 17~18세기의 고전주의 시인들은 알렉상드랭(alexandrin, 12음절)의 운율 구조를 유지하며 시의 형식적 완결성을 강조했다. 장 라신(Jean Racine)과 부알로(Nicolas Boileau)와 같은 시인들은 일정한 리듬과 각운을 바탕으로 논리적이고 조화로운 구조를 지닌 시를 창작했다. 부알로는 《시학》에서 시는 규율과 대칭성을 갖춰야 한다고 주장하며, 시인은 엄격한 형식미를 추구해야 한다고 강조했다. 라신 역시 《페드르(Phedre)》(1677)와 같은 작품에서 알렉상드랭 운율을 철저히 따르며 서정적이면서도 엄격한 구조를 유지했다. 이러한 전통은 프랑스 시가 철학적이고 수사적인 특성을 유지하는 데 중요한 역할을 했다.

18세기에 접어들면서도 이러한 형식적 전통은 지속되었으며, 볼테르(Voltaire)는 《앙리아드(La Henriade)》(1723)에서 서사시의 전통을 계승하며 운율과 각운을 엄격히 유지했다. 그러나 앙투안 우다르 드 라 모트(Antoine Houdar de la Motte)와 같은 시인들은 알렉상드랭의 강제성을 문제 삼으며 보다 유연한 형식으로의 전환을 시도했다. 이러한 변화는 계몽주의 사상의 확산과 맞물려, 시의 주제와 형식이 점차 다양화되는 계기가 되었다.

그러나 19세기에 접어들면서 산업혁명과 도시화의 영향으로 전통적 가치관이 흔들리기 시작했고, 낭만주의의 등장과 함께 감정의 개방과 개성을 중시하는 문학적 흐름이 강해졌다. 이러한 변화의 흐름 속에서 보다 유연하고 개방적인 시적 형식을 실험하는 움직임이 나타났다. 특히 낭만주의 시인들이 형식적 제약을 느슨하게 만들면서 산문시와 자유시가 등장할 수 있는 토대가 마련되었다. 앙드레 셰니에(Andre Chenier)는 대혁명의 단두대에서 처형되기 전 감옥에서 쓴 《풍자시(Iambes)》(1819)에서 보다 개인적이고 직설적인 어조를 사용하며 기존의 고전적 형식에 대한 반발을 보였다. 조제프 드 메스트르(Joseph de Maistre)와 알퐁스 드 라마르틴(Alphonse de Lamartine)은 보다 서정적이고 감성적인 표현을 강조하며 전통적 시 형식에서 벗어나고자 했다. 특히 라마르틴의 《명상시집(Meditations poetiques)》(1820)은 서정시의 정형성을 탈피하고 보다 자연스러운 리듬을 도입하면서 산문시와 자유시에 대한 기반을 마련하는 데 기여했다.

이어서, 낭만주의의 대표 작가인 빅토르 위고(Victor

Hugo)는《동방시집(Les Orientales)》(1829)과《징벌(Les Chatiments)》(1853) 등에서 운율과 각운을 유지하면서도 보다 자유로운 구성을 시도하며 고전적 전통과의 단절을 시도했고,《크롬웰 서문(Preface de Cromwell)》(1827)에서는 운율과 형식은 더 이상 시의 필수 조건이 아니라고 주장하며 자유로운 주제와 형식적 실험을 옹호했다. 문학적 전통성이라 일컫는 것으로부터 소위 '그로테스크(grotesque)' 개념을 통한 탈피와 개혁을 주창한 것이다.

산문시의 발전과 주요 시인들

산문시는 시의 음악성과 이미지적 표현을 유지하면서도 전통적인 운율 구조를 따르지 않는 형식이다. 산문시의 선구자 중 한 명은 알루아시위스 베르트랑(Aloysius Bertrand)으로, 그의《밤의 가스파르(Gaspard de la Nuit)》(1842)는 판타지적 이미지와 짧은 산문 형식을 결합한 초기 산문시의 중요한 예시로 평가된다. 베르트랑의 시는 회화적이고 몽환적인 분위기를 띠며, 이후 보들레르와 랭보에게 큰 영향을 미쳤다.

한편, 보들레르의 등장은 시의 형식적 전환에 결정적인 역할을 한다. 보들레르는《악의 꽃》에서 전통적인 운율을 유지하면서도 어두운 도시 풍경과 현대적 감성을 반영한 새로운 시적 언어를 구축했다. 이를 통해 산문시를 본격적으로 문학적 장르로 정착시킨 시인이기도 하다. 《파리의 우울(Le Spleen de Paris)》(1869)에서는 도시 생활의 감각적 경험을 담아내면서 전통적인 운율에서 벗어난 자유로운 형식을 실험했다. 보들레르는 서문에서 "리듬과 각운 없이도 음악적인 시적 산문(une prose poetique, musicale sans rhythme et sans rime)"을 창조하고자 했다고 밝혔으며, 이는 현대적 감성을 반영하는 새로운 시적 형식의 필요성을 강조하고 하고 있다. 그는 이 시집에서 시의 운율과 각운을 파괴하며 산문시라는 새로운 장르를 확립했는데, 산문에도 음악이 존재할 수 있다고 주장하며, 시가 운율적 강제에서 벗어나 더 깊은 정서적 울림을 가질 수 있음을 보였다.

이러한 변화는 이후 랭보와 말라르메에게 이어지며 시의 형식적 해체를 더욱 가속하게 된다. 랭보는 시집 《지옥에서 보낸 한 철》과 《일뤼미나시옹(Illuminations)》(1886)에서 기존의 시적 규칙을 완전히 벗어난 산문시를 창조하면서, 가능성을 더욱 확장하게 된다. 특히 그의 마지막 시집 《일뤼미나시옹》은 환상적 이미지와 감각적 인상을 결합하여 산문시가 기존의 운문시 형식과 완전히 단절되고도 현대성의 새로운 시적 울림과 여운을 줄 수 있음을 보여 준다. 이렇게 그는 기존의 다른 모든 형식의 시를 버리고 산문시로 나아가며, 전통적인 형식과 운율에서 해방된 시적 실험을 감행한 것이다.

말라르메는《한 번의 주사위 던지기…(Un coup de dés…)》(1897)에서 시각적 배치를 활용하여 전통적인 시 형식의 붕괴를 실험했다. 이러한 흐름에서 산문시와 자유시는 전통적인 정형시의 경계를 허물고 새로운 시적 가능성을 열어 주었다. 작품《여담(Divagations)》(1897)은 이러한 산문과 시의 경계를 더욱 모호하게 만들면서, 언어의 본질과 시적 표현의 한계를 더욱 탐구한 작품이다.

20세기에 들어서면서 산문시는 더욱 실험적인 형태로 발전했다. 막스 자코브(Max Jacob)의《주사위 통(Le Cornet a des)》(1917), 피에르 르베르디(Pierre Reverdy)의《산문시(Poemes en prose)》(1915) 등은 직관적이고 단편적인 이미지를 강조했다. 특히 초현실주의 대표 시인 앙드레 브르통(Andre Breton)의《용해되는 물고기(Poisson soluble)》(1924)와 앙리 미쇼(Henri Michaux)의《어떤 플륌이라는 사람(Un Certain Plume)》(1930)은 무의식적 연상과 자동기술법(ecriture automatique)을 활용하여 산문시를 더욱 자유롭고 실험적인 방식으로 발전시켰다.

자유시의 등장과 발전

자유시(vers libre)는 전통적인 각운과 운율에서 벗어나 시적 흐름을 더욱 유동적으로 구성할 수 있는 형식이다. 자유시는 19세기 말 귀스타브 칸(Gustave Kahn)에 의해 이론화되었으며, 기존의 정형시를 대체하는 중요한 시적 형식으로 자리 잡았다.

자유시의 초기 실험 중 하나로 평가되는 것은 쥘 라포르그(Jules Laforgue)의 《마지막 시편들(Derniers Vers)》(1886)이며, 이 작품은 전통적 리듬을 해체하면서도 음악성을 유지하는 독특한 형식을 보여 주었다. 이후 아폴리네르는 《알코올》에서 전통적인 운율과 자유시를 혼합하여 시적 표현의 가능성을 확장했다. 특히 그의 시 〈미라보 다리(Le Pont Mirabeau)〉는 구두점을 생략하는 실험을 통해 새로운 시적 리듬을 창출했다.

20세기에 이르러 폴 클로델(Paul Claudel)은 《5대 송가(Cinq Grandes Odes)》(1910)에서 성서적 운율(verset)을 활용한 자유시를 발전시켰으며, 생 존 페르스(Saint-John Perse)의 《찬가(Eloges)》(1911)와 《아나바

시스(Anabase)》(1924)는 웅장한 수사와 긴 호흡의 자유시 형식을 확립했다. 이는 자유시가 단순한 형식적 해체를 넘어 시적 언어의 본질을 탐구하는 수단으로 발전했음을 보여 준다.

현대 자유시와 디지털 시대의 변화

20세기 중반에는 자크 루보(Jacques Roubaud), 앙리 메쇼니크(Henri Meschonnic), 미셸 드기(Michel Deguy) 등의 시인들이 자유시의 리듬과 구문적 특성에 대한 새로운 이론적 접근을 시도했다. 특히 메쇼니크의 《리듬 비평(Critique du rythme)》(1982)은 자유시의 리듬을 언어학적, 철학적 관점에서 분석하는 중요한 이론적 작업으로 평가된다.

그리고 최근에는 미디어 기술을 활용한 새로운 형태의 시적 표현이 등장했으며, 이는 텍스트의 선형성과 고정성에 대한 기존 개념을 재고하게 했다. 이러한 변화는 디지털 시대의 도래와 함께 더욱 가속화되어, 21세기 프랑스 시는 계속해서 산문시와 자유시를 포함한 다양한 실험적 형식을 통해 끊임없이 변화를 거듭하고 있다.

디지털 기술은 시적 표현에 새로운 차원을 추가하고 있다. 하이퍼텍스트, 인터랙티브 포에트리, 멀티미디어

포에트리 등 다양한 형식이 등장하며, 시가 단순한 텍스트에서 벗어나 시각적, 청각적 요소를 결합한 복합적인 예술로 변화하고 있다. 이러한 변화는 독자와 시의 관계를 재정의하며, 독자가 더 이상 수동적인 수용자가 아니라, 시적 경험의 적극적인 참여자가 되도록 하고 있다.

또한, 디지털 플랫폼은 시의 창작과 소통 방식을 혁신적으로 변화시키고 소셜 미디어와 같은 온라인 플랫폼은 시를 글로벌하게 확산시키며, 다양한 독자층에게 접근할 기회를 제공한다. 이러한 흐름 속에서 프랑스 시는 전통적인 형식적 제약에서 벗어나, 보다 자유롭고 창의적인 시적 실험을 지속적으로 탐구하고 있다고 할 수 있다.

그리고 이러한 변화는 시의 본질과 표현 방식에 대한 새로운 질문을 제기하며, 시가 어떻게 기술과 결합하여 새로운 예술적 형태로 발전할 수 있는지를 탐구하는 계기가 되고 있다. 21세기 프랑스 시는 이러한 실험적 형식을 통해 끊임없이 진화하며, 독자와의 상호작용을 강조하는 동시에, 시적 표현의 가능성의 영역을 다양하게 확장하고 있다.

참고문헌

Boschian-Campaner, C.(2009). *Le vers libre dans tous ses etats: Histoire et poetique d'une forme (1886-1914).* L'Harmattan.

Dessons, G. & Meschonnic, H.(1998). *Traite du rythme, des vers et des proses.* Dunod.

Maulpoix, J.-M.(2009). *Pour un lyrisme critique.* Jose Corti.

Meschonnic, H.(1982). *Critique du rythme: anthropologie historique du langage.* Verdier.

Sandras, M.(1995). *Lire le poeme en prose.* Dunod.

Voisine-Jechova, H., et al.(1993). *La Poesie en prose. des Lumieres au Romantisme (1760-1820).* Presses de l'Universite de Paris-Sorbonne.

03
칼리그람: 시의 시각화 그리고 시적 실험

텍스트를 시각적으로 배열하여 의미를 형상화하는 실험적 시 창작 방식은, 단순한 형식적 변주를 넘어 시각과 언어의 결합을 통해 새로운 시적 경험을 창출하며, 이후 구체시, 디지털 시 등으로 발전해 왔다.

AI와 난임 극복?

시각 시와 새 패러다임

'칼리그람'은 시각적 요소와 언어적 요소가 결합된 독특한 시 형식으로, 텍스트의 배치를 통해 시의 내용을 직관적으로 형상화하는 기법이다. 아폴리네르가 창안한 신조어로, '칼리그라피(calligraphie, 서예)'와 '이데오그램(ideogramme, 표의문자)'의 합성어에서 유래했다. 이는 단순한 장식적 요소를 넘어, 시각적 구조를 통해 의미 전달 방식 자체를 변화시키는 혁신적인 실험이었다. 텍스트를 활용하여 이미지를 형성함으로써 독자는 단순히 글을 읽는 것이 아니라, 시각적 경험을 통해 의미를 더욱 깊이 있게 이해하게 된다.

칼리그람 기법의 대표적 실천자로 알려진 아폴리네르는 《칼리그람》 시집을 통해 이 형식을 본격적으로 대중화했다. 이 시집의 부제인 "전쟁의 시와 평화의 시 1913-1916(Poemes de la paix et de la guerre 1913-1916)"에서 알 수 있듯이, 시집은 제1차 세계대전 전후의 시대적 상황을 반영하는 작품들을 포함하고 있다.

이 시집에서 가장 잘 알려진 작품 중 하나는 〈비가 내린다(Il pleut)〉이다. 이 시는 비가 내리는 모습을 연상시키도록 활자 배열이 이루어져 있으며, 떨어지는 빗방울처럼 보이도록 수직적으로 단어가 배치되었다. 또 다른 작품인 〈에펠탑(La Tour Eiffel)〉은 프랑스의 대표적 랜드마크인 에펠탑의 형태를 본떠 배열된 텍스트를 통해, 도시적 감성과 현대성을 강조했다. 〈칼에 찔린 비둘기와 분수(La colombe poignardee et le jet d'eau)〉에서는 전쟁의 폭력성과 평화의 희망이 동시에 표현되며, 비둘기의 형상을 따라 배열된 시어들이 그 의미를 더욱 강화한다.

아폴리네르는 이 시집에서 단순히 형식적 실험을 한 것을 넘어서, 시적 표현의 새로운 가능성을 모색하는 과정에서 칼리그람을 발전시켰다. 그는 1917년 강연 '새로운 정신과 시인들(L'esprit nouveau et les poetes)'에서 "세상을 기계화한 것처럼 시도 기계화하려는(machiner la poesie comme on a machine le monde)" 의도를 밝혔다. 이는 단순히 전통적인 운율이나 정형시의 해체를 의미하는 것이 아니라, 시를 시각적 차원에서 재구성하여 독자가 텍스트와 상호작용할 수 있는 새로운 방식으로 접근하는 것을 목표로 했다. 이러한 실험 정신은 이후 20세기 문학과 예술에서 다양한 방식으로 확장되었다.

칼리그람의 기원은 아폴리네르 이전의 문학 전통에서도 찾아볼 수 있다. 고대 그리스 시대의 '테크노파이그니아(technopaignia)'는 텍스트를 특정한 형태로 배치하여 시각적 효과를 극대화한 초기 사례로 꼽힌다. 중세 수도원에서 필사된 '장식 필경본(Manuscrits d'enluminure)'도 텍스트의 미적 배열을 중시했던 또 다른 예시다. 또한, 17세기 바로크 시대에는 '형상시(Poeme figure)'라는 이름으로 시각적 요소를 강조하는 시 형식이 존재했다.

프랑스 문학에서 칼리그람의 중요한 선례로는 말라르메의 《한 번의 주사위 던지기…》도 들 수 있다. 이 작품은 특히 전통적인 좌우 정렬의 글쓰기 방식에서 벗어나, 텍스트의 배치를 통해 의미를 확장하는 실험적 시도로 평가받는다.

아폴리네르 이후 다다이즘(Dadaisme)과 미래주의(Futurisme) 운동에서도 텍스트와 이미지의 결합이 실험되었다. 다다이스트인 트리스탄 차라(Tristan Tzara)는 '콜라주 시(Poeme-collage)' 기법을 통해 기존 텍스트를 해체하고 재조합하는 방식으로 언어의 새로운 가능성을 탐구했다. 필리포 토마소 마리네티(Filippo Tommaso Marinetti)의 '자유로운 단어들(Parole in liberta)'은 텍스트의 물리적 공간을 활용하여 의미를 확장하는 실험을 진행했다. 이러한 운동들은 언어를 단순한 기호 체계가 아닌, 공간 속에서 기능하는 하나의 시각적 요소로 간주하는 방향으로 발전시켰다.

제2차 세계대전 이후, 피에르 가르니에(Pierre Garnier)의 '공간주의(Spatialisme)', 베르나르 하이지크(Bernard Heidsieck)의 '소리시(Poesie sonore)' 등은 칼리그람의 전통을 확장하여 시의 공간적, 청각적 차원을 탐구했다. 또한 장프랑수아 보리(Jean-Francois Bory)와 앙리 쇼팽(Henri Chopin)의 실험적 작업 역시 프랑스에서 시각 시의 전통을 풍부하게 발전시켰다.

디지털 기술의 발전으로 인해, 칼리그람의 원리는 더욱 확장되고 있다. 부츠(Philippe Bootz)나 티보르 파프(Tibor Papp) 등의 디지털 시인들은 텍스트의 움직임, 상호작용성, 멀티미디어 요소를 활용하여 칼리그람의 시각적 원리를 혁신적으로 발전시켰다. 최근에는 인공지능(AI)을 활용한 현대 시각 시 생성 실험이 진행되며, 아폴리네르의 칼리그람 원리를 알고리즘적으로 재해석하는 시도도 이루어지고 있다. 이는 1917년 아폴리네르가 예견한 '시의 기계화'가 AI 시대에 새로운 의미를 획득하는 과정으로 볼 수 있다.

칼리그람은 단순한 시각적 장식이 아니라, 언어와 이미지가 결합하여 새로운 의미를 창출하는 중요한 시적 형식이다. 아폴리네르가 개척한 이 형식은 20세기와 21

세기를 거쳐 발전하면서 다다이즘, 미래주의, 공간주의, 디지털 시 등 다양한 예술적 실험과 맞물려 왔다. 기술의 발달과 함께 칼리그람은 이제 정적인 종이 페이지를 넘어, 동적이고 상호작용적인 디지털 공간에서 새로운 가능성을 모색하고 있다. 이러한 변화는 시의 본질과 그 표현 방식이 시대와 함께 끊임없이 진화하고 있음을 보여준다.

참고문헌

Bohn, W.(2013). *Reading Visual Poetry*. University Press Copublishing Division.

Bootz, P.(2021). *Litterature et numerique: quand, comment, pourquoi?*. Monbeaulivre.fr.

Butor, M.(2019). *Les mots dans la peinture*. Flammarion.

Debon, C.(2008). *Calligrammes-dans tous ses etats* (Edition critique du Recueil de Guillaume Apollinaire). Calliopees.

Derrida, J.(1972). *La Dissemination*. Seuil.

Durand, P.(2008). *Mallarme: du sens des formes au sens des formalites*. Seuil.

Papp, T. & Pica, P.(1988). *Transparence et opacite: Littetature et sciences cognitives*. Le Cerf.

Prigent, C.(1996). *Une erreur de la nature*. P.O.L..

Webster, M.(1996). *Reading Visual Poetry After Futurism: Marinetti, Apollinaire, Schwitters, Cummings*. Peter Lang Publishing Inc.

04
울리포와 문학적 제약

울리포의 핵심은 '문학적 제약(contrainte littéraire)'의 활용을 통해 창작 과정을 구조화함으로써 기존의 전통적 문학 기법에서 벗어나 새로운 형식과 내용을 발굴하는 것이다. 즉, 문학적 제약이 단순히 표현을 제한하는 요소가 아니라 오히려 창의적 사고를 자극하는 원천인 것이다.

AI와 사주?

울리포의 기원과 발전 과정

울리포(OuLiPo, Ouvroir de Litterature Potentielle)의 창립 배경을 이해하기 위해서는 20세기 중반의 문학적, 철학적, 과학적 흐름을 고려해야 한다. 2차 세계대전 이후 유럽 문학계에서는 기존의 서사적 구조를 탈피하려는 다양한 실험적 문학 운동이 등장했다. 특히, '구조주의(Structuralisme)'의 확산과 수학적 논리학의 발전은 문학 창작에서 체계적 규칙의 도입을 촉진하는 계기가 되었다. 이러한 배경 속에서 1960년대 결성된 울리포는 단순한 문학 운동이나 경향이라기보다 문학 연구를 수행하는 실험적 집단으로 자처했다. 따라서 이들은 기존의 초현실주의나 자동기술과 같은 우연적 글쓰기 방식을 거부하고, 철저히 계산된 규칙을 기반으로 새로운 창작 방법을 모색하게 된다.

울리포의 이러한 태도는 과학적 방법론과의 접점을 강조하는 경향과도 맞닿아 있다. 르 리오네(François Le Lionnais)는 수학자로서, 크노(Raymond Queneau)는 수학과 문학을 모두 연구했던 작가로서 수학적 기법을 문학 창작에 접목할 수 있다고 믿었다. 그래서 이들은 수학의 확률 이론과 '조합론(combinatoire)'을 활용하여 문학적 실험을 수행했고, 이는 이후 울리포 그룹이 발전시키는 다양한 창작 방식의 토대가 되었다. 이와 같은 원칙은 울리포의 두 가지 주요 방향성으로 구체화되었다. 첫째, '종합울리피즘(synthoulipisme)'은 창작 과정에서 의도적으로 새로운 제약을 '발명(invention)'하고, 이를 활용하여 독창적인 문학적 실험을 수행하는 방향성을 가진다. 즉, 기존 문학적 규범을 탈피하여 언어적 · 형식적 실험을 극대화하고, 창의적인 글쓰기 기법을 개발하는 데 초점을 맞춘다. 둘째, '발견(decouverte)'을 중심으로 하는 '분석울리피즘(anoulipisme)'은 창작보다는 연구적 접근에 초점을 두며, 기존 문학 작품 속에서 작가가 의식적으로 인식하지 못한 채 적용한 제약을 체계적으로 분석하고 해석하는 방식이다. 이를 통해 문학적 규칙과 창작 원리를 새롭게 발견하고, 문학 연구의 새로운 방법론을 제시한다. 울리포는 이러한 두 가지 흐름—창작을 위한 적극적인 제약의 설정과 기존 문학의 숨겨진 규칙 분석—을 바탕으로 문학의 가능성을 확장하고, 새로운 문학적 지평을 개척하고자 했다.

울리포의 주요 작가와 대표적 작품

울리포의 활동을 주도한 주요 작가들로 위에서 언급한 크노를 위시하여 조르주 페레크(Georges Perec), 이탈로 칼비노(Italo Calvino), 자크 루보(Jacques Roubaud), 노엘 아르노(Noel Arnaud) 등이 있다. 먼저, 페레크는 울리포의 핵심 작가로, 그의 작품은 언어적 제약을 창의적으로 활용한 것으로 잘 알려져 있다. 그의 대표 작품 중 하나인 《실종(La Disparition)》(1969)은 프랑스어에서 가장 빈번히 사용되는 모음인 'e'를 전혀 사용하지 않는 리포그램(lipogramme) 소설이다. 이러한 제약에도 불구하고, 페레크는 흥미로운 서사를 구축하여 언어의 가능성을 탐구했다. 다른 작품인 《인생 사용법(La Vie mode d'emploi)》(1978)은 파리의 한 아파트 건물을 배경으로, 각 방에 거주하는 인물들의 이야기를 퍼즐처럼 엮어 낸 소설로, 복잡한 구조와 세밀한 묘사가 특징이다.

칼비노는 이탈리아를 대표하는 작가로 울리포의 철학을 수용하여 실험적인 작품을 남겼다. 작품 《보이지 않는 도시들(Le citta invisibili)》(1972)은 마르코 폴로와 쿠빌라이 칸의 대화를 통해 상상 속의 도시들을 묘사하며, 각 도시는 기하학적 구조와 인간 경험을 연결하는 독특한 방식으로 표현되어 있다. 그래서 이 작품은 도시와 인간의 관계를 탐구하며, 독자에게 다양한 해석의 가능성을 제공하고 있다.

다음으로 수학자이자 시인인 루보는 수학적 사고와

문학을 결합하여 구조적 실험을 수행하며, 기존 문학적 규칙을 변형하는 독창적인 글쓰기를 실천했다. 특정한 형식적 제약을 스스로 설정하고 그 안에서 창작하는 방식을 추구하는 울리포의 주된 일원인 루보 역시 이 원칙을 바탕으로 글을 쓰며, 제한된 형식 속에서 창조적 가능성을 극대화하는 방법을 탐색했다. 그의 시는 전통적인 형식을 따르면서도 이를 새롭게 변주하는 실험성을 지닌다. 예를 들어, 시집 《검은 어떤 것(Quelque chose noir)》(1986)은 작가 아내의 죽음을 다룬 작품이지만, 감정의 직접적 표현보다 구조적 규칙을 통한 언어적 배열을 강조한다. 이처럼 루보는 내용보다는 형식적 규율과 구조적 패턴을 중요하게 여겼으며, 이는 알고리즘적 사고와도 유사한 면이 있다.

그의 산문 작업도 마찬가지로 실험적이다. 대표적인 작품 《런던의 대화재(Le Grand Incendie de Londres)》(1989)는 기억과 망각을 중심으로 구성되었으며, 일련의 단편적 조각들이 비선형적으로 배열되는 방식으로 전개된다. 이러한 글쓰기 방식은 특정한 규칙을 기반으로 텍스트를 생산하는 AI의 서사 생성 방식과도 유사한 점이 있다. 이를 통해 루보는 전통적 문학과 수학적 사고를 결합하여 언어의 새로운 가능성을 탐색했으며, 그의 실험적 접근 방식은 AI 기반 문학 창작의 이론적 배경으로도 적용될 수 있다. 특히, 패턴 인식과 알고리즘적 변형을 통해 새로운 텍스트를 생성하는 AI 시스템은 울리포의 창작 방식과 근본적으로 유사하다.

아르노는 초기에 초현실주의 운동에 가까웠고, 이후 울리포의 공동 창립자 중 한 명으로 참여하게 되어, 실험적인 글쓰기와 편집 활동을 통해 그룹의 발전에 기여하게 된다. 그는 언어에 대한 유희적이면서도 엄격한 접근 방식을 바탕으로, 형식적 제약과 언어적 실험을 탐구한 작품을 남겼다. 그래서 극작가 알프레드 자리(Alfred Jarry)가 용어의 창시자로 모든 우스꽝스러운 부조리로 가득 찬 사이비 철학(혹은 과학)을 언어의 비합리성과 유희성을 통해 탐색하는 '파타피직스(Pataphysique) 학회'에서도 활동하며 실험적 글쓰기를 이어 갔다. 그의 작품은 시, 산문, 에세이를 아우르며, 언어의 조합과 텍스트의 물질성을 탐색하는 특징을 지닌다. 예를 들면, 《쿠익: 횡설수설, 난해한 말, 우스꽝스러운 언어들 문집(Kouic: Anthologie des charabias, galimatias et turlupinades)》은 언어의 유희성과 비논리를 탐구하면서 '의미 없는 말(charabia), '난해한 표현(galimatias)', 우스꽝스러운 언어(turlupinades)'를 모아 구성되었다. 이는 울리포의 핵심 개념 중 하나인 언어적 실험과 제약 속 창조와 밀접한 관련이 있다. 울리포는 기계적 규칙과 문학적 창조의 결합을 추구하는데, 아르노는 이 책에서 언어의 질서를 해체하고 새로운 조합을 실험한다. 의미 없는 말이나 비논리적 문장을 조합하여 예상치 못한 언어적 효과를 만들어 낸다.

이렇게 아르노가 탐구한 문학적 구조와 언어 조합 방식은 AI의 자동 생성 글쓰기와 연결될 수 있다. 특히, 제약을 설정하고 그 안에서 창작하는 접근법은 알고리즘적 글쓰기 방식과 유사한 측면을 지니고, AI 문학이 발전하는 과정에서 의미 생성과 변형의 원리를 탐구하는 데 중요한 의미가 있다.

한편, 크노는 울리포의 공동 창립자로, 언어와 수학의 결합을 통해 문학의 새로운 가능성을 모색했다. 그의 작품 《백조(百兆)의 시편들(Cent mille milliards de poèmes)》(1961)은 10개의 소네트를 각각의 행 단위로 조합할 수 있도록 구성하여 10^{14}, 즉 100조라는 무한한 조합 가능성을 제시하는 혁신적 실험 작품이다. 이러한 구성은 독자에게 무한한 해석의 가능성을 제공하며, 문학의 무한한 잠재력을 상징하고 있다. 또한, 크노의 《문체 연습(Exercices de Style)》(1947)은 하나의 단순한 서사를 99가지의 다양한 서술 방식으로 변주한 실험적 문학 작품으로, 울리포 정신을 구현하며, 문학 창작에서 형식적 제약이 창의성을 촉진할 수 있음을 입증한다. 작품의 기본 서사는 단순하다. 화자는 버스 안에서 한 젊은 남성이 승객과 사소한 언쟁을 벌이는 장면을 목격하고, 이후 기차역 근처에서 그가 모자를 고쳐 쓰는 모습을 다시 보게 된다. 이 극히 단순한 이야기 구조는 다양한 문체와 서술 기법을 통해 전혀 다른 텍스트로 재탄생한다.

크노는 고전적 문체, 시적 변주, 과학적 서술 방식, 어린아이의 언어, 사건의 역전 배열 등의 기법을 활용하여 동일한 내용을 변형한다. 이를 통해 동일한 사건도 언어적 표현 방식에 따라 의미와 정서적 반응이 극적으로 달라질 수 있음을 실증한다.

크노의 이러한 문학적 실험은 현대 실험 문학과 포스트모더니즘 서사 기법의 발전에 기여했으며, 페레크, 칼비노 등의 작가들에게 큰 영향을 미쳤다. 또한, 그의 문학적 기법은 하이퍼텍스트 문학과 인터랙티브 스토리텔링의 선구적 사례로 평가될 수 있다.

크노는 이렇게 새로운 문학적 패러다임의 추구를 위해 단순히 문체 실험에 머무르지 않고, 독자의 역할을 변화시키고 문학의 존재 방식을 새롭게 정립하는 데 공헌

했다. 그의 작품은 기존의 서사 구조를 해체하고, 독자가 단순한 소비자가 아닌 능동적인 참여자로 기능할 수 있도록 한다. 이는 현대 디지털 문학, 하이퍼텍스트 소설, 비선형적 스토리텔링 등과 밀접한 연관성을 가지며, 기존의 일방향적 서사 전달 방식에서 벗어나 다층적인 독해 가능성을 제공한다. 그의 문학은 텍스트의 무한한 변주 가능성을 탐구하면서도, 언어의 본질적 속성과 그 변형 가능성에 대한 철학적 질문을 던진다. 그의 실험적 서사 방식은 형식적 제약이 단순한 제한이 아니라 창작의 새로운 가능성을 열어 줄 수 있음을 증명하며, 독자가 서사적 공백을 채우고 의미를 능동적으로 구성하도록 유도한다. 이러한 특징은 현대 문학뿐만 아니라 영상 서사, 게임 내러티브, 인터랙티브 미디어 등 다양한 예술 형태에도 지속적인 영향을 미치고 있다.

이처럼 울리포의 작가들은 각기 다른 방식으로 문학적 제약을 활용하여 독창적인 작품을 창작하였으며, 이를 통해 문학의 새로운 가능성을 탐구하고 확장했다. 그들의 실험적 접근은 현대 문학에 큰 영향을 미쳤으며, 언어와 구조에 대한 새로운 시각을 제시하게 된다.

울리포의 문학적 제약 기법

울리포의 문학적 실험은 특정한 제약을 기반으로 하는데 주요 기법으로는 다음과 같은 것들이 있다:

- 리포그램(Lipogramme): 특정 글자를 사용하지 않고 텍스트를 작성하는 기법. 예: 《실종(La Disparition)》
- S+7(또는 N+7): 텍스트의 모든 실사(명사)를 사전에서 이후 7번째 명사로 대체하는 기법(이는 7을 S+n으로 확장하여 선택한 사전과 불확정수 n에 의해 무한대로 가능).
- 회문(回文, Palindrome): 앞에서 읽으나 뒤에서 읽으나 동일한 텍스트를 구성하는 기법
- 생성적 제약(Contrainte generative): 특정 규칙을 적용하여 텍스트가 자동으로 확장되도록 설계하는 기법

이러한 기법들은 기계적 규칙을 기반으로 하지만, 이를 통해 작가는 기존의 창작 방식과는 전혀 다른 서사적, 언어적 실험을 수행할 수 있다.

디지털 시대와 울리포

울리포의 실험적 문학 개념은 디지털 시대의 문학적 창작 방식과 밀접한 연관성을 가진다. 현대의 인공지능

(AI) 기반 텍스트 생성 모델은 알고리즘적 연산을 통해 새로운 문장을 창출하는데, 이는 울리포가 추구했던 체계적 제약과 조합 원리와 유사한 개념을 반영한다. 울리포의 '안티-우연(anti-hasard)' 원칙은 AI 기반 문학 창작에서 알고리즘적 통제와 창의적 변이 간의 균형을 찾으려는 시도와 유사하다. 실제로 몇몇 회원들은 프로그래밍과 디지털 문학 실험에 직접 참여하였으며, 이는 오늘날 AI 시 생성 시스템과 연결될 수 있다. 예를 들어, 1980년대 울리포 회원이자 알라모(ALAMO) 회원인 폴 푸르넬(Paul Fournel) 등은 컴퓨터 프로그램을 이용해 시를 창작하는 실험을 시도하였고, 이는 현대의 GPT 기반 시 생성 시스템의 원형적 형태로 볼 수 있다.

디지털 환경에서는 울리포의 실험 정신이 더욱 확대될 가능성을 지닌다. 기존의 인쇄 기반 문학이 고정된 형태의 텍스트를 제공하는 반면, 디지털 매체는 실시간으로 변형되고 조합되는 유동적 서사 구조를 구현할 수 있다. 예컨대, '인터랙티브 픽션(fiction interactive)'과 같은 장르는 울리포의 조합 문학 개념을 현대적으로 재해석한 사례로 볼 수 있으며, 독자가 특정 선택을 함에 따라 서사가 변주되는 방식은 울리포의 창작 원리와 본질적으로 동일한 구조를 따른다. 이러한 점에서 울리포의 문학적 실험은 디지털 시대의 '인터랙티브 스토리텔링', '하이퍼텍스트 문학' 등의 발전에 중요한 이론적 토대를 제공하고 있다.

참고문헌

Arnaud, B.(2003). *Le genie de Queneau: la pataphysique.* Alias.

Berge, C.(1997). Raymond Queneau et la combinatoire. in *La Bibliotheque oulipienne,* 89.

Fournel, P. & Audin, M.(2014). *OULIPO L'Abecedaire provisoirement definitif.* Larousse.

Le Cornec, J.(1996). Le telegramme-poeme : d'un motif de la modernite a un modele d'ecriture, in *Poetique,* 107.

Magne, B.(2000). Machines a ecrire, machine a lire , in *Etudes francaises, Montreal,* 36.

Oulipo(1973). *La Litterature potentielle creations, re-creations, recreations.* Gallimard.

Oulipo-poétiques(1999).(Actes du colloque de Salzburg, 23-25 avril 1997, Etudes littéraires françaises). Etudes reunis par Peter Kuon, G. Narr Verlag.

05
포스트모던과 키치

포스트모던 시학은 기존 문학의 경계를 허물며 해체, 패러디, 자기 반영적 실험을 통해 의미의 불확정성을 탐구한다. 특히 키치적 전략을 활용하여 전통적 형식을 재배열하고, 언어와 이미지의 관계를 새롭게 조명하며, 디지털 시대에도 그 영향을 확장하고 있다.

AI와 아이돌?

해체와 메타

포스트모더니즘(postmodernisme)은 20세기 후반 프랑스 사상과 문학 전반에 걸쳐 지대한 영향을 미친 이론적 경향으로, 특히 프랑스 시 영역에서 독자적인 미학적 특징을 형성하며 강력한 자취를 남겼다. 포스트모던 시학(poetique postmoderne)은 근대적 메타 서사(meta-recit)와 전통적 권위에 대한 근본적 회의, 장르 간 경계의 해체, 혼성모방(pastiche)과 패러디(parodie), 메타 언어적 자기반영성(meta-reflexivite) 등을 핵심 요소로 삼는다. 이러한 특징은 기존 문학 전통에 대한 '탈구축(deconstruction)', 즉 해체적 접근을 통해 구현되며, '의미의 불확정성(indetermination du sens)'과 '해체적 유희(jouissance deconstructive)'라는 미학적 원리를 강조한다.

포스트모더니즘의 주요한 미학적 전략 가운데 하나는 기존 담론과 형식의 재활용 또는 '키치(kitsch)'적 경향이다. 파스칼 앙젤(Pascal Engel)이 지적하듯, 포스트모더니즘은 니체, 하이데거, 아도르노, 칸트, 쇼펜하우어 등의 철학적 사유를 변형하여 재사용하며, 이를 새로운 문맥에서 재구성하는 방식을 취한다. 프랑스 시에서도 이와 유사한 방식이 발견되는데, 전통적 시적 형식과 이미지를 빌리면서도 그것을 해체하고 재배열하는 전략을 구사하여 기존 의미 체계를 불안정하게 만든다. 이는 단순한 형식적 모방을 넘어서, 기존 문화의 코드와 기호의 '전복(subversion)'과 '전유(appropriation)'를 통한 의미 생성의 전략적 개입으로 볼 수 있다.

프랑스 포스트모던 시의 대표적 작가로는 드니 로슈(Denis Roche), 클로드 로예주르누(Claude Royet-Journoud), 장 대브(Jean Daive), 에마뉘엘 오카르(Emmanuel Hocquard) 등이 있으며, 이들은 전통적인 '시적 주체(sujet poetique)'와 '서정성(lyrisme)'에 대한 강한 의문을 제기하고, 언어의 '자기 지시적 특성(auto-referentialite)'을 강조하며, '텍스트의 물질성(materialite du texte)'과 '과정적 측면(proceduralite)'을 탐구한다. 이들은 텍스트와 이미지의 관계를 재구성하며, 특히 시각적 요소와 언어적 요소가 상호작용을 하는 방식에 주목했다. 이러한 접근은 시의 전통적 개념을 해체하는 실험적 전략으로 작용하며, 의미가 단일한 기호 체계로 환원되지 않음을 강조한다.

로슈의 《시는 용인할 수 없다(La poesie est inadmissible)》(1995)는 기존 시 개념을 근본적으로 문제화하고, 텍스트와 이미지 간의 상호작용을 탐색하는 포스트모던적 실험의 한 사례다. 로슈는 특히 이미지와 텍스트의 결합을 통해 매체 간 경계의 해체를 모색했으며, 이를 통해 시적 의미 생성의 새로운 방식들을 실험했다. 그의 작품은 시가 단순히 관념적이고 언어적인 표현이 아니라, '시각적 개념성(conceptualite visuelle)'을 포함하는 복합적 형태의 예술로 확장될 수 있음을 시사한다.

포스트모던 시에서 나타나는 '키치(kitsch)'적 경향은 단순한 모방이나 저급한 취향을 의미하지 않는다. 오히려 이는 문화적 코드와 기호의 '의도적 차용'과 '재배치'를 통해 의미 생성의 전통적 메커니즘에 도전하는 전략이다. 키치는 '진지함을 회피하고, 문화적 상징에 대한 거리감과 아이러니를 표현하며, 이질적 요소들의 병치를 통해 새로운 의미 관계를 창출'하는 포스트모던 미학의 핵심 요소다.

미셸 드기(Michel Deguy), 장마리 글레즈(Jean-Marie Gleize), 프랑시스 퐁주(Francis Ponge) 등은 키치적 전략을 활용하여 전통적 시 형식의 규범성을 해체하고 새로운 표현 방식들을 모색했다. 특히 퐁주의 '사물시(poesie des choses)'는 일상적 대상의 상세한 묘사를 통해 전통적 서정성을 해체하고, 언어와 현실 간의 관계를 새롭게 탐구했다. 이러한 시적 실험들은 '기표(signifiant)'와 '기의(signifie)' 사이의 관계를 불안정하게 만들며, 독자로 하여금 시적 의미 형성 과정에 적극적으로 개입하도록 유도한다.

포스트모던 시학의 또 다른 중요한 특징은 '픽션성(fictionnalite)'에 대한 강조다. 포스트모더니즘은 '현실(realite)'이 고정된 것이 아니라 '구성된 것(constructionisme)'이라는 관점을 제시하며, 나아가 현실 자체가 순수한 픽션일 수도 있다는 가능성을 탐구한다. 이러한 '픽션주의(fictionnalisme)'는 프랑스 시에서 현실과 환상, 사실과 허구의 경계를 탐험하는 방식으로 나타난다. 포스트모던 시는 이러한 경계를 불분명하게 함으로써 독자가 작품의 의미를 능동적으로 재구성하도록 한다.

디지털 시대와 AI 시대에 들어서면서, 포스트모던 시의 키치적 전략은 새로운 기술적 맥락에서 재해석되고 있다. '디지털 콜라주(collage numerique),' 텍스트의 '알고리즘적 재조합(reassemblage algorithmique'), '다중 미디어 시적 설치(installation poetique multimedia)' 등에서 포스트모던 시의 영향을 확인할 수 있다. 특히 AI 생성 시는 기존 텍스트를 학습하고 재조합하는 과정에서 포스트모던 키치의 알고리즘적 확장으로 해석할 수 있다.

참고문헌

Angel, P.(1997). *La dispute, une introduction a la philosophie analytique*. Minuit.

Bertrand, J.-P. & Durand, P.(2006). *Les Poetes de la modernite. De Baudelaire a Apollinaire*. Seuil.

Compagnon, A.(1990). *Les Cinq paradoxes de la modernite*. Seuil.

Dorfles, G.(1988). *Kitsch: The World of Bad Taste*. Bell Publishing Company.

Gleize, J.-M.(1992). *A noir: poesie et litteralite*. Seuil.

Hanna, C.(2010). *Nos dispositifs poetiques*. Questions theoriques.

Jameson, F.(2007). *Le Postmodernisme ou la logique culturelle du capitalisme tardif*. Evergreen.

Lyotard, J.-F.(1979). *La Condition postmoderne*. Minuit.

Pinson, J.-C.(1999). *A quoi bon la poesie aujourd'hui?*. Pleins Feux.

Richard, C.(2012). *Politiques de la litterature, politiques du lien*. Archives contemporaines Editions.

Seguin, T.(2012). *Le Postmodernisme: Une utopie moderne*. L'Harmattan.

06
전자문학과 하이퍼텍스트 시학

상호작용성, 네트워크 구조, 자동 생성을 통해 전통적 문학의 경계를 확장하며, 독자의 적극적 개입을 통해 문학 수용의 자율성을 강화한다. 또한, 비선형적 내러티브 구조를 활용하여 다층적 해석을 가능하게 하고, 디지털 기술과 결합하여 보다 참여적인 문학 형식을 구현한다.

AI와 야구?

문학 텍스트의 가변성과 능동성

전자문학과 하이퍼텍스트 시학은 디지털 기술의 발전과 문학 창작의 융합을 통해 새로운 문학적 가능성을 모색하는 학문적 분야다. 이 분야는 텍스트의 물질성, 상호작용성, 네트워크 구조와 같은 개념들을 탐구하며, 전통적인 문학적 규범과 창작 방식을 넘어서는 실험적인 문학적 경향을 제시한다. 전자문학은 텍스트의 형식과 의미, 그리고 독자와의 상호작용 방식에 근본적인 변화를 일으키는 특징을 가지고 있으며, 하이퍼텍스트 시학은 이러한 변화를 보다 구조적이고 이론적으로 뒷받침하는 중요한 이론적 틀을 제공한다.

1980년대 프랑스에서 전자문학과 하이퍼텍스트 시학이 본격적으로 발전하기 시작했으며, 이는 디지털 기술의 급격한 발전과 밀접하게 관련이 있다. 1985년은 전자문학이 본격적으로 시작된 해로, 이 시기부터 컴퓨터 기술을 활용한 문학적 창작이 활발히 이루어지기 시작했다. 1989년에는 프랑스 최초의 디지털 시 잡지인 《알리르(ALIRE)》가 창간되었고, 이는 디지털 시의 보급을 목표로 하여, 새로운 형태의 시적 표현을 탐구하는 중요한 이정표로 기능했다. 이 잡지의 창간은 전자문학의 핵심 개념 중 하나인 하이퍼텍스트의 발전과 밀접한 연관을 맺고 있다. 하이퍼텍스트는 단순한 텍스트의 연결을 넘어서, 독자와 텍스트 간의 상호작용을 통해 텍스트가 변형되고 발전할 가능성을 열어 준다. 하이퍼텍스트 시학은 독자가 텍스트 내에서 자유롭게 이동하고 탐색할 수 있게 하며, 이를 통해 새로운 읽기 경험을 제공한다.

하이퍼텍스트는 기존의 선형적인 읽기 방식을 초월하는 개념으로, 다양한 텍스트 조각들이 링크를 통해 연결되는 네트워크 구조를 제시한다. 이는 독자에게 새로운 방식의 독서 경험을 제공하며, 독자는 텍스트의 의미를 능동적으로 구성할 수 있는 위치에 놓이게 된다. 이러한 개념은 프랑스의 포스트구조주의 이론가들, 특히 롤랑 바르트(Roland Barthes)와 제라르 주네트(Gerard Genette)의 이론과 깊은 연관을 가진다. 바르트는 텍스트가 고정된 의미를 전달하는 것이 아니라, 독자가 그 의미를 능동적으로 생성한다고 주장했다. 이는 하이퍼텍스트의 개념과 맞물려, 텍스트의 의미는 독자와의 상호작용을 통해 끊임없이 변화하며 재구성된다는 점을 강조한다. 주네트는 텍스트 간의 상호 연관성과 전이적 관계에 관해 설명하며, 하이퍼텍스트가 기존의 텍스트 분석 방식을 넘어서는 가능성을 지닌다고 주장했다. 하이퍼텍스트는 텍스트 내에서의 '상호텍스트성(intertextualite)'을 새로운 차원에서 탐구하게 하며, 이는 문학적 창작과 읽기의 방식을 근본적으로 재구성한다.

프랑스 전자문학의 주요 실천가들인 부츠(Philippe Bootz), 발프(Jean-Pierre Balpe), 파프(Tibor Papp) 등은 전자문학의 발전에 중요한 역할을 했다. 부츠는 '프로세스 시(poesie procedurale)'라는 개념을 통해 시의 의미가 고정된 텍스트가 아니라, 독자와의 상호작용을 통해 생성된다고 주장했다. 이는 전자문학에서 독자의 역할을 강조하며, 문학적 의미는 고정되지 않고, 독자의 참여를 통해 생성되고 변형될 수 있다는 점을 제시한다. 발프는 '자동 텍스트 생성(generation automatique de textes)'을 연구하며, 컴퓨터 알고리즘을 활용한 시 창작의 가능성을 탐구했다. 이는 문학 창작 과정에서 컴퓨터의 역할을 새롭게 정의하며, 전통적인 문학 창작 방식과는 다른, 기계적이고 자동화된 창작의 가능성을 제시한다. 이러한 연구들은 전자문학이 단순한 텍스트의 디지털화에 그치지 않고, 새로운 창작 방식과 독서 경험을 창출하는 데 중요한 역할을 하고 있음을 보여 준다.

또한, 아나이스 길레(Anais Guilet)와 같은 이론가들은 디지털 환경에서의 문학적 표현의 특성을 연구하며, 디지털 매체와의 상호작용이 시적 경험에 미치는 영향을 분석했다. 길레는 특히 태블릿과 터치스크린을 위한 디지털 시의 특성을 연구하며, 촉각적 상호작용이 시적 경험에 미치는 영향을 탐구했다. 이는 디지털 시가 단순히 시각적 요소를 넘어, 물리적 상호작용을 통해 더욱 몰입감 있는 시적 경험을 제공할 수 있음을 시사한다. 이러한 연구는 디지털 환경에서 새로운 형태의 문학적 창작 방식을 제시하며, 문학이 새로운 매체와 기술을 통해 확장될 가능성을 보여 준다.

프랑스 하이퍼텍스트 시의 대표적인 작품으로는 대학 교수로 연구와 작품을 같이하고 있는 세르주 부샤르동(Serge Bouchardon)의 〈상실(Deprise)〉(2010), 프랑스와 캐나다에서 작품 활동을 하는 그레고리 샤통스키(Gregory Chatonsky)의 〈인턴(Interne)〉(2022), 네덜란드 출신으로 프랑스에서 활동하는, 아니 아브라함(Annie Abrahams)의 〈인간이 되는 것(Etant humain / Being Human)〉(1997-2007) 등이 있다. 이들 작품은 텍스트, 이미지, 소리, 움직임 등 다양한 매체를 결합하며, 독자의 참여를 통해 완성되는 열린 구조를 지향한다. 하이퍼텍스트 시학의 중요한 특징 중 하나는 '디지털 기호학(semiologie numerique)'에 대한 관심이다. 에마뉘엘 펠라르(Emmanuelle Pelard)는 "디지털 시는 기호의 사용을 변위하고 '기호화 과정(semiose)'을 교란함으로써 기호를 수행한다"라고 언급하며, 디지털 환경에서 텍스트가 더 이상 고정된 기호와 의미의 관계로 존재하지 않고, 기호의 지속적인 변화와 재구성을 통해 텍스트의 의미가 형성된다고 설명했다. 이는 기호학적 분석이 디지털 시대에도 여전히 중요한 역할을 한다는 점을 강조하며, 디지털 시학이 기존의 기호학 이론을 새로운 방식으로 확장하는 과정을 보여 준다.

현대 프랑스 전자문학과 하이퍼텍스트 시학은 AI와의 융합을 통해 새로운 차원으로 진입하고 있다. 자연어 처리와 기계학습 알고리즘을 활용한 생성적 시스템은 텍스트의 가변성과 상호작용성에 새로운 가능성을 열어 주고 있으며, 이는 전자문학의 발전을 더욱 가속화하고 있다. 특히, 프랑스의 알라모(ALAMO) 연구팀은 수학적 구조와 컴퓨터 알고리즘을 활용한 문학 창작 실험을 통해 AI 시대의 전자문학에 중요한 공헌을 하고 있다. 이러한 연구들은 문학 창작에서 AI의 역할을 탐구하고 있으며, 전통적인 문학적 기법과는 다른 새로운 문학적 가능성을 제시한다. AI의 발전은 전자문학을 더욱 혁신적인 방향으로 이끌어 가며, 문학의 형식과 향유 방식을 재구성하는 데 중요한 역할을 하고 있다.

결론적으로, 전자문학과 하이퍼텍스트 시학은 디지털 기술의 발전과 함께 문학의 형태와 향유 방식을 혁신적으로 변화시키고 있다. 이들은 문학적 창작과 독서 방식의 전통적인 형태에서 벗어나, 독자가 능동적으로 참여하고, 상호작용을 하는 새로운 문학적 경험을 제공한다. 전자문학은 디지털 환경에서의 문학적 실험을 통해 미래의 문학적 가능성을 열어 가고 있으며, 하이퍼텍스트 시학은 이러한 변화를 이론적이고 구조적인 측면에서 뒷받침하고 있다. 이와 같은 발전은 문학의 본질을 재조명하고, 문학의 경계를 확장하는 중요한 역할을 하고 있다.

참고문헌

Bouchardon, S.(2014). *La valeur heuristique de la litterature numerique*. Hermann.

Clement, J.(1995). *Du texte a l'hypertexte: vers une epistemologie de la discursivite hypertextuelle*. Hermes.

Guilet, A. & Pelard, E.(2016) Poetiques et esthetiques numeriques tactiles: litterature et arts, in *Cahiers virtuels du laboratoire NT2*, 8.

Pelard, E.(2018). Poesies numeriques tactiles : toucher les signes par la "main de l'œil", manipuler la matiere a l'ecran, in *Itineraires*, 2017-3 / 2018.

Saemmer, A.(2015). *Rhetorique du texte numerique: figures de la*

lecture, anticipations de pratiques. Presses de l'ENSSIB.
Vandendorpe, C.(2016). *Du papyrus a l'hypertexte. Essai sur les mutations du texte et de la lecture.* La Decouverte.
Vuillemin, A. & Lenoble, M.(1995). *Litterature et informatique: la litterature generee par ordinateur.* Artois Presses Universite.

07
AI와 자동 시 창작

AI를 활용한 자동 시 창작은 문학 전통과 현대 기술이 결합하는 지점에서 혁신적 가능성을 탐구한다. 초현실주의자들의 자동기술법에서 울리포의 실험적 창작, 현대 AI 기반 시 생성까지 이어지는 이 흐름은 인간 창의성과 기계적 시스템의 상호작용을 조명하며, 예술과 기술의 경계를 확장하고 있다.

AI와 윤동주?

창의성과 시스템 창작 지평

인공지능(AI)을 활용한 자동 시 창작은 프랑스 문학의 고전적 전통과 현대 기술이 만나는 독특한 지점에서 새로운 창작의 가능성을 열어 가는 혁신적인 분야다. 이 연구 영역은 20세기 초 초현실주의자들이 사용한 '자동기술법(ecriture automatique)'부터 시작하여, 점차 발전한 현대의 AI 기반 언어 모델에 이르기까지 시적 창작의 자동화와 기계화에 관한 지속적인 탐구를 반영하고 있다. 자동 시 창작의 역사는 기술과 예술의 상호작용에 관한 깊은 성찰을 요구하며, 인간 창의성의 기계적 재현과 그 한계, 그리고 새로운 시적 표현의 가능성에 대한 논의를 불러일으킨다.

자동 시 창작의 뿌리는 초현실주의 운동으로 거슬러 올라간다. 1920년에 출간된 앙드레 브르통(Andre Breton)과 필리프 수포(Philippe Soupault)의 《자기장(Les Champs magnétiques)》은 사고의 흐름을 무의식적으로 기록하는 자동기술법의 대표적 예로, 이를 통해 초현실주의자들은 문학에서 이성의 제약을 벗어나 무의식적인 사고를 창작에 활용하고자 했다. 이 작품은 인간의 내면에서 흘러나오는 자유로운 사고의 흐름을 그려 내며, 창작의 통제된 형식에서 벗어난 새로운 가능성을 탐구하려는 의도를 명확히 드러낸다. 초현실주의자들의 자동 기술법은 언어의 제한을 넘어서는 시적 실험을 추구했으며, 이는 후에 AI 기반 시 창작에서 기계적 시스템이 인간 창의성과 어떤 방식으로 결합할 수 있을지에 대한 실험적인 사고의 기초가 된다.

이후, 문학적 창작의 경계를 확장한 울리포(OuLiPo, Ouvroir de Litterature Potentielle) 그룹의 등장 역시 중요한 전환점을 마련했다. 1961년 크노(Raymond Queneau)의 《백조(百兆)의 시편들(Cent mille milliards de pèmes)》은 언어와 수학적 알고리즘을 결합하여 시를 생성하는 새로운 방법론을 제시한 작품이다. 이 작품은 주어진 시의 구절을 조합하여 무수한 시적 변형을 가능하게 하며, 시 창작의 수학적 · 기계적 접근법을 통해 언어의 규칙과 구조가 창작 과정에 어떻게 기여할 수 있는지에 대한 중요한 성찰을 제시했다. 이러한 창작 방식은 예술적 창조성을 수학적 규칙과 결합해 새로운 문학적 가능성을 열었고, 이는 현대의 AI 기반 자동 시 창작에 대한 기초를 닦는 데 중요한 역할을 했다.

알라모(ALAMO) 그룹은 컴퓨터 알고리즘을 활용한 문학 창작 실험을 통해 자동 시 생성의 가능성을 확장했다. 이 그룹의 연구는 시 창작에서 기계가 가지는 역할과 창의성을 어떻게 기술적으로 실현할 수 있을지에 대한 중요한 실험을 포함하고 있었다. 알라모의 연구는 언어와 기술이 결합할 때, 전통적인 시 창작 방식에서 벗어나 창작의 새로운 영역이 열릴 수 있다는 점을 강조했다. 또한, 그들의 실험은 텍스트의 생성 과정을 수학적 알고리즘에 의존하는 방식으로 해석하여, 창작의 자유와 제어 사이의 관계에 대한 중요한 질문을 제기했다.

1980년대와 1990년대에는 발프와 같은 연구자들이 규칙 기반 시스템과 초기 형태의 기계학습을 활용한 자동 텍스트 생성 연구를 발전시켰다. 발프(Jean-Pierre Balpe)의《컴퓨터 사랑 시편들(Poemes d'amour par ordinateur)》(1991)과 같은 작품은 언어학적 규칙과 통계적 모델을 결합하여 시적 텍스트를 자동으로 생성하는 시스템을 개발한 중요한 연구로, 이를 통해 AI가 시적 표현을 생성하는 방식을 실험했다. 이 시스템은 규칙과 데이터의 상호작용을 통해 창작을 이루어 내며, 텍스트의 의미와 창의적 요소를 기계적으로 재현하려는 시도를 담고 있다. 발프의 연구는 인간의 창의성을 기계가 어떻게 모방하고 재현할 수 있을지를 탐구하는 중요한 실마리를 제공했다.

2000년대 이후, 특히 '자연어 처리(NLP)' 기술의 발전과 '머신러닝(Apprentissage automatique, Machine Learning)', '딥러닝(Apprentissage profonde, Deep Learning)' 기술의 급격한 성장은 AI 기반 시 창작의 가능성을 획기적으로 변화시켰다. 2010년대 후반부터 등장한 GPT(Generative Pre-trained Transformer)와 같은 대형 언어 모델(LLM)은 방대한 양의 텍스트 데이터를 학습하여, 인간이 창작할 수 있는 수준에 근접한 시적 텍스트를 생성하는 데 뛰어난 성과를 보였다. GPT 모델은 문법적 규칙과 언어의 미세한 뉘앙스를 학습하며, 다양한 스타일과 주제를 반영한 시를 생성할 수 있는 능력을 보여 준다. 이러한 시스템은 기존의 시를 모방하는 것뿐만 아니라, 시의 형식과 주제를 재구성하여 새로운 시적 표현을 창출한다. AI는 창작에서 단순한 도구에 그치지 않고, 기계적 지능을 통해 인간의 창의적인 아이디어를 확장하는 협력자로 기능한다.

AI 시 창작에 대한 평가

AI가 생성한 시에 관한 연구에서는 때로 AI가 생성한 시가 인간 시인의 작품보다 더 접근하기 쉽다는 평가를 받기도 했다. 프랑스 대학의 많은 연구자들이 진행한 연구 논문에서는 시에 익숙하지 않은 독자들이 유명 시인들의 작품보다 챗GPT가 생성한 시를 더 선호하는 경향을 보였다고 한다. 이 연구는 AI가 생성한 시가 핵심을 직접적으로 전달하며, 일반적으로 더 쉽게 접근할 수 있다는 점에서, 전통적인 시 창작 방식과 차별화된 특성을 보인다고 평가하고 있다. 이는 AI가 생성하는 시가 인간의 창작물을 대체하려는 것이 아니라, 오히려 인간 독자에게 더 친근하게 다가갈 수 있다는 가능성을 시사한다고 할 수 있다.

프랑스의 AI 시 창작에 관한 연구는 단순히 기술적인 성과에 그치지 않고, 그 철학적 · 미학적 의미에 대해서도 깊은 성찰을 제공한다. 베르나르 스티글레(Bernard Stiegler), 카트린 말라부(Catherine Malabou), 브뤼노 라투르(Bruno Latour) 같은 프랑스 사상가들은 기술과 인간 창의성의 관계, 디지털 환경에서의 주체성, 그리고 인공지능과 인간 지능의 상호작용에 대한 중요한 철학적 논의를 제시했다. 특히, 이러한 논의는 AI가 인간의 창의성을 어떻게 증대할 수 있는지, 그리고 그 과정에서 발생할 수 있는 윤리적 문제들에 대해 중요한 질문을 던진다. 예를 들어, AI 창작물이 예술적 가치와 독창성을 가질 수 있는지, 그리고 그것이 인간의 창의적인 노동을 대체할 위험이 있는지에 대한 문제는 철학적 · 윤리적 논의의 중심에 자리한다.

현재 프랑스에서는 '라이트온(LightOn)', '미스트랄 AI(Mistral AI)'와 같은 스타트업 회사 중심으로 문화와 문학 관련 다양한 AI 생성 도구들이 개발되고 있으며, 이러한 도구들은 시 창작의 가능성을 획기적으로 변화시키고 있다. 사용자는 이러한 도구를 통해 다양한 뉘앙스와 문체 그리고 독창적인 주제의 시를 생성할 수 있으며, 이는 일종의 '창작의 민주화'를 촉진하는 의미 있는 기회를 제공한다. AI 기반 시스템은 창작뿐만 아니라, 교육 및 문학적 실험의 도구로도 널리 활용되고 있으며, 이러한 시스템은 시 창작의 자유를 증대하고, 새로운 문학적 실험을 가능하게 하는 중요한 기초를 마련하고 있다.

AI의 발전은 시 창작을 포함한 예술 창작의 영역에서도 새로운 가능성을 열고 있다. AI는 방대한 데이터를 학습하여 인간의 창작 과정을 모방하고, 그를 통해 새로운 형태의 시를 창작할 수 있다. AI 시 창작에 사용되는 기술들은 각기 다른 특성과 장단점을 지니고 있으며, 이를 통해 다양한 시적 실험이 가능하다. AI 시 창작의 윤리적 쟁점은 저작권, 창작 주체, 예술적 가치문제 등 다양한 분야에서 논의되고 있으며, 이러한 문제들은 AI 시 창작이 인간 창의성에 미치는 영향을 잘 보여 준다. 이런 흐름에 프랑스의 AI 시 창작 연구는 계속해서 활발히 진행되고 있으며, 이후 AI가 프랑스 시에 가져올 변화와 가능성은 매우 주목할 만하다.

참고문헌

Balpe, J.-P.(2000). *Contextes de l'art numerique.* Hermes.

Belisle, C. et al.(2017). *Lire dans un monde numerique.* Presses de l'ENSSIB.

Bootz, P.(2013). *Les Basiques: La litterature numerique.* Leonardo/OLATS.

Clement, J.(2001). La litterature au risque du numerique, in *Documen numerique,* vol.5.

Goldsmith, K.(2018). *L'Ecriture sans ecriture: Du langage a l'age numerique.* Jean Boite Editions.

Heudin, J.-C.(2008). *Les creatures artificielles: Des automates aux mondes virtuels.* Odile Jacob.

Lavaud-Forest, S.(2018). *De la Peinture aux scenographies interactives.* Omniscriptum.

Latour, B.(2007). *Reassembling the Social: An Introduction to Actor-Network-Theory.* Oxford University Press.

08
알고리즘과 AI 시의 미학

알고리즘과 AI를 활용한 시 창작은 전통적인 시적 미학과 수학적 · 확률적 과정이 결합한 새로운 영역을 형성하고 있다. 이에 따라 AI 시의 진정성, 복잡성, 그리고 인간과의 협업 가능성은 현대 문학에서 중요한 논의 대상이 되고 있다.

AI와 한의학?

시적 미학의 진정성과 물질성

알고리즘과 AI 시의 미학은 전통적인 시적 미학과 컴퓨터 알고리즘의 교차점에서 형성되는 새로운 미학적 영역이다. 이 영역은 수학적 구조와 확률적 과정, 기계학습 알고리즘이 어떻게 시적 표현과 결합하여 새로운 형태의 미적 경험을 창출하는지를 탐구한다. 특히, AI가 창조하는 시는 과거의 문학적 규범을 넘어선 새로운 창작 방식과 미학적 경험을 제시하며, 이는 시의 고전적 정의와 형식에 대한 근본적인 질문을 불러일으킨다.

알고리즘 시의 기본 전제는 알고리즘 자체가 미적 가치를 지닐 수 있다는 것이다. 이 전제는 '알고리즘의 아름다움(la beaute des algorithmes)'이라는 개념에서 잘 드러난다. 알고리즘이 데이터를 분석하고 패턴을 추출하는 과정에서 나타나는 구조적 우아함과 형식적 완결성은 시적 창작에서 새로운 미학적 요소로 작용한다. 이는 프랑스 시의 오랜 형식적 전통과 밀접하게 연결된다. 예를 들어, 울리포(OuLiPo, Ouvroir de Litterature Potentielle)의 수학적 제약에 기반한 시적 실험은 알고리즘적 접근법이 미적 창작에 어떻게 적용될 수 있는지에 대한 중요한 선례를 제공한다. 울리포는 시 창작에 수학적 규칙을 도입하여 창작 과정의 기계적 측면을 강조했고, 이러한 접근은 AI 시 창작에서도 중요한 영향을 미쳤다. 울리포의 제약적 글쓰기 방식은 AI 시에서 '규칙 기반 생성'의 핵심이 되며, 규칙과 알고리즘의 관계를 이해하는 데 중요한 통찰을 제공한다.

AI 시의 미학적 특징 중 하나는 '생성적 시학(poetique generative)'의 발전이다. 생성적 시학은 알고리즘과 규칙 체계를 통해 텍스트가 생성되는 과정에 초점을 맞춘다. 부츠(Philippe Bootz)가 이러한 접근법을 '프로세스 문학(litterature procedurale)'이라 부르며, 텍스트의 최종 형태보다 그것이 생성되는 알고리즘적 과정 자체에 미학적 가치를 부여했다. 프로세스 문학은 텍스트를 완성된 결과물로만 보지 않고, 그 생성 과정과 변화하는 속성을 중시한다. 이와 같은 접근은 전통적인 시학에서 중시된 완성된 작품의 미학과는 다른 차원의 미학적 가능성을 열어 준다. 텍스트의 생성적 측면을 강조하는 이러한 미학은 AI 시 창작에서 알고리즘이 어떻게 문학적 작품을 생산하는지에 대한 이해를 새롭게 하고 있다.

AI 시의 또 다른 미학적 차원은 '우연성과 제약의 균형'이다. AI 시 생성 시스템은 학습된 패턴과 확률적 변이를 결합하여 예측 가능성과 창의적 일탈 사이의 미묘한 균형을 추구한다. 이 과정은 초현실주의의 '자동기술법'과 울리포의 '제약적 글쓰기' 사이의 변증법적 관계를 알고리즘적으로 재해석하는 것으로 볼 수 있다. 초현실주의자들은 의도적인 무의식적 사고의 흐름을 통해 창작을 시도했고, 울리포는 수학적 규칙을 통해 창작을 시도했다. AI는 이 두 접근법을 결합하여, 예측 가능한 알고리즘적 질서와 예기치 않은 창의적 변이를 동시에 추구할 가능성을 제시한다. 이는 AI 시의 독특한 미학적 특징으로, 기계적 시스템이 인간의 창의성을 어떻게 확장할 수 있는지를 보여 준다.

프랑스의 AI 시 연구자들은 '텍스트의 물질성(materialite du texte)'에 대해 많은 관심을 보이고 있다. 디지털 환경에서 텍스트는 더 이상 고정된 형태가 아니라 유동적이고 상호작용적인 존재가 된다. 발프(Jean-Pierre Balpe)는 이러한 특성을 '메타텍스트(metatexte)'라고 부르고, 이는 독자와의 상호작용을 통해 지속적으로 재구성되는 텍스트의 가능성을 의미한다. 메타텍스트의 개념은 AI 시에서 텍스트가 단순한 고정된 산물이 아니라, 독자와의 상호작용을 통해 끊임없이 변화하는 동적인 존재로 기능함을 강조한다. 이는 시적 텍스트가 물리적 형태로 존재하는 것이 아니라, 디지털 환경 내에서 상호작용을 통해 끊임없이 변하는 특성이 있다는 중요한 성찰을 제시한다.

AI 시의 미학적 평가에서 중요한 쟁점 중 하나는 '진정성(authenticite)'의 문제다. AI가 생성한 시가 인간의 감정과 경험을 '진정하게' 표현할 수 있는가, 또는 그것이 단순한 모방에 불과한가라는 질문이 제기된다. 이 문제는 프랑스 시에서 오랫동안 중요시되어 온 '시적 목소리(voix poetique)'의 개념과 관련이 깊다. 시적 목소리는 시인의 독특한 창작의 목소리와 자아를 드러내는 중요한 요소로, AI 시에서 그 진정성을 어떻게 인정할 수 있을지에 대한 논란이 존재한다. AI가 시를 창작할 때 그 창작물이 진정한 '시적 목소리'를 지니고 있다고 할 수 있는가에 대한 논의는 현대 AI 시의 가장 중요한 철학적 쟁점 중 하나다.

프랑스 문학 비평가들은 AI 시의 '복잡성과 불투명성(complexite et opacite)'의 가치를 재고하기도 한다. 프랑스의 문학 이론가 폴 리쾨르(Paul Ricoeur)는 "문학은 인간 존재의 깊이를 탐구하는 예술이며, 그 복잡성은 의미의 다층성을 통해 드러난다"라고 주장한 바 있다. 이를 바탕으로, AI 시가 어떻게 의미의 다층성과 복잡성을 구현할 수 있는지에 대한 논의가 이루어진다. 또한, 피츠버그 대학 연구자들은 챗GPT에 "시의 매력인 복잡성과 불투명성"이 부족하다고 지적하며, 이러한 AI 시의 한계를 언급했다. 시 창작에서 인간의 감성과 해석이 어떻게 중요한 역할을 하는지에 대한 논의와 연결되며, AI가 그 미학적 깊이를 얼마나 충실히 재현할 수 있을지에 대한 의문을 제기하고 있는 것이다. 이는 프랑스 시의 전통, 특히 말라르메로부터 이어져 온 '난해성의 미학(esthetique de l'hermetisme)'과의 관계에서 중요한 미학적 질문을 제기한다. 난해성의 미학은 시적 의미가 분명히 드러나지 않고, 독자가 그것을 해석하는 과정에서 새로운 의미가 형성되는 특성을 지닌다. AI 시가 이러한 복잡성과 불투명성을 얼마나 구현할 수 있을지에 대한 논의는 AI가 시적 창작에서 얼마나 인간적인 특성을 담을 수 있는지에 대한 중요한 질문을 제기한다.

현대 프랑스의 AI 시 창작자들은 이러한 미학적 도전에 다양한 방식으로 대응하고 있다. 일부는 AI를 단순한 도구가 아닌 창작의 협력자로 재정의하며, '증강된 창의성(creativite augmentee)'의 개념을 발전시킨다. AI를 창작의 동반자로서 활용하는 이러한 접근법은 AI가 창작 과정에 어떻게 역할을 할 수 있는지를 탐구하며, 인간과 기계 간의 협업이 새로운 형태의 창의적 결과물을 낳을 수 있음을 시사한다. 또 다른 이들은 알고리즘의 한계와 오류를 의도적으로 드러내는 '글리치 시학(poetique du glitch)'을 탐구한다. 글리치 시학은 알고리즘의 오류나 불완전한 결과물을 시적 표현의 일부로 받아들이고, 이를 통해 새로운 형태의 미적 경험을 창출하는 방식이다. 이러한 방식은 AI 시의 불완전성과 예기치 않은 결과들이 오히려 창의적인 요소로 작용할 수 있다는 가능성을 열어 준다.

디지털 저널 《1PPECQ》와 같은 온라인 플랫폼은 전통적 시와 AI 시의 상호 간 다양한 미학적 소통 가능성을 탐구하는 공간을 제공하며, 파리의 퐁피두 센터와 같은 기관에서는 AI 시와 알고리즘 미학에 관한 전시와 워크숍이 정기적으로 개최되고 있다. 이러한 플랫폼과 기관들은 AI 시의 미학을 탐구하고, 그것이 현대 문학과 예술에 미치는 영향을 논의하는 중요한 장을 마련하고 있다. AI와 알고리즘은 시 창작의 새로운 도구이자, 시적 표현의 새로운 가능성을 제시하며, 인간과 AI의 협업을 통해 창조되는 새로운 형태의 시적 경험을 보여 주고 있다.

참고문헌

Aziosmanoff, F.(2010). *Living Art: l'art numerique*. CNRS Editions.

Bouchardon, S.(2009). *Litterature numerique: le recit interactif.* Hermes.

Couchot, E. & Hillaire, N.(2009). *L'Art numerique: comment la technologie vient au monde de l'art.* Flammarion.

Fourmentraux, J.-P.(2005). *Art et Internet: les nouvelles figures de la creation.* CNRS Editions.

Manovich, L.(2013). *Le langage des nouveaux medias.* Les Presses du Reel.

Meredieu, F. de(2011). *Arts et nouvelles technologies: art video, art numerique.* Larousse.

Perucca, B.(2023.12.4) La creativite peut-elle etre artificielle?, in *CNRS Le journal.*

Toussaint, C.(2017.3.12.). Quand les algorithmes se prennent pour des poetes, in *Le Temps.*

Machines d'ecritures(2012.3.1). MCD (Magazine des cultures digitales) 66.

09
AI와 시적 주체의 해체?

AI의 발전은 시적 주체 개념을 재구성하며, 전통적인 시에서 강조된 시인의 정체성과 자아에 근본적으로 의문을 던지고 있다. 이에 따라 AI가 창작하는 시에서 '누가 말하는가?'라는 질문은 더욱 다층적으로 전개되며, 시적 주체에 대한 새로운 패러다임을 형성하게 된다.

AI와 화장품?

시적 주체의 진화

인공지능(AI)의 발전은 단지 기술적인 혁신을 넘어서, 문학, 특히 시의 영역에서 '시적 주체(sujet poetique)'의 개념에 대한 근본적인 재고를 요구하고 있다. 전통적으로 '서정시(poesie lyrique)'는 시인의 자아와 그가 표현하려는 개인적인 감정, 그리고 고유한 목소리와 긴밀하게 연결되어 있었다. 시적 자아는 대개 시인의 내면적 감정과 경험을 진지하게 반영하는 역할을 하며, 이는 시적 창작에서 개인의 고유한 목소리를 표현하는 중요한 요소로 간주했다. 그러나 최근 AI가 시를 생성할 수 있는 능력을 갖추게 되면서, 전통적인 시적 주체 개념에 대한 도전이 시작되었으며, '누가 말하는가?(Qui parle?)'라는 근본적인 질문이 그 어느 때보다 복잡하고 다양한 양상을 띠게 되었다.

이러한 변화는 프랑스 시의 전통적 시적 주체의 개념에 대한 깊이 있는 분석을 요구한다. 낭만주의 시대의 시인들, 예를 들어 라마르틴(Alphonse de Lamartine)과 위고(Victor Hugo)는 시적 자아를 시인의 실제 자아와 밀접하게 연결하며, 자아의 내면적인 감정과 경험을 표현하는 중요한 매개체로 삼았다. 이 시기에는 시적 자아가 시인의 고유한 감정적 목소리와 깊은 관계를 맺고 있었고, 이는 독자와의 정서적인 교감을 가능하게 하는 중요한 요소로 작용했다. 그러나 랭보(Arthur Rimbaud)의 유명한 선언 "나는 타자다(Je est un autre)"는 이미 19세기 후반, 시적 자아가 고정된 자아를 넘어서 다양한 존재로 확장될 수 있다는 가능성을 제시했다. 랭보는 시적 자아가 개인적인 자아와 구분되는 타자적인 요소를 포함하며, 그 자체가 끊임없이 변화하고 변형될 수 있음을 강조했다. 이러한 사고는 20세기 시학에서 시적 자아의 해체와 분열을 이해하는 중요한 이론적 기초로 자리 잡았다.

20세기 시인들은 시적 자아의 개념을 더욱 비판적으로 탐구했다. 특히 말라르메(Stephane Mallarme)는 〈시의 위기(Crise de vers)〉(1897)에서 전통적인 시적 주체인 시인이 "단어에 주도권을 양도(ceder l'initiative aux mots)"하는 '비개인성 시학(poetique d'impersonnalite)'을 제시하며, 시적 자아의 개념을 다시 숙고하게 했다. 말라르메는 시적 자아가 더 이상 시인의 내면적인 자아에 의존하는 것이 아니라, 언어 그 자체의 자율성과 주도권에 의해 형성된다고 주장했다. 이는 시적 자아가 언어의 물질성과 형식에 의해 구성되는 점을 강조하는 새로운 관점이었다. 또한 폴 발레리(Paul Valery)는 시인의 의식적 기교와 시적 자아의 거리를 중요하게 다루었으며, 시적 자아가 단순한 감정의 표현에 그치지 않고, 시인의 고도의 의식적 기법에 의해 형성된다고 보았다. 발레리의 이러한 관점은 시적 자아가 시인의 무의식적인 감정의 발현을 넘어, 더욱 복잡하고 의도적인 창작 과정으로 이해되어야 함을 시사한다. 초현실주의자들의 '자동기술법'은 이러한 시적 자아의 분열을 더욱 극대화한 시도였다. 그들은 의식적인 자아를 벗어나 무의식적인 층위로부터 창작의 근원을 찾으려 했으며, 이는 시적 자아가 더 이상 고정된 자아나 감정의 표현으로서 기능하지 않음을 의미한다.

이런 흐름의 현대 프랑스 시에서, 시인들은 시적 주체의 문제를 깊이 있게 탐구하며, 전통적인 시적 자아 개념을 재구성하려는 노력을 기울였다. 예를 들면, 글레즈(Jean-Marie Gleize)의 '문자주의(litteralisme)' 이론은 시적 자아의 감정적 표현보다 언어의 물리적 · 구조적 특성에 초점을 맞추며, 시적 자아를 해체하는 방향으로 발전했다.

문자주의는 단순히 문자나 언어의 구조를 강조하는 것 이상의 의미를 지니며, 글레즈는 이를 시적 창작에서 언어 자체의 물리적 특성과 의미 생성 과정에 대한 탐구로 확장했다. 글레즈는 언어가 단순히 커뮤니케이션 도구나 의미 전달의 수단으로 사용되는 것을 넘어서, 그 자체가 중요한 예술적 요소라고 주장했다. 즉, 글자와 단어의 물리적 존재가 시의 형식과 의미를 어떻게 창출하는지에 대한 문제인 것이다. 그는 글자의 배열, 음성적인 특성, 그리고 시각적인 요소가 시의 의미를 형성하는 데 중요한 역할을 한다고 판단했고, 언어의 의미가 단어와 문자 자체에 의해 고정되거나 결정되지 않는다는 점을 강조했다. 그에 따르면, 언어는 본질적으로 의미의 불확정성, 변이 가능성, 다층적 해석을 내포하고 있으며, 이러한 속성은 시적 담론 형성에 핵심적인 역할을 수행한다. 이러한 맥락에서 문자주의는 언어의 고정된 의미나 단일한 해석을 지양하고, 의미 생성의 역동적 과정을 사유하려는 문학적 시도라 할 수 있다.

또한 글레즈는 시가 단순히 이미 존재하는 의미를 전달하는 것이 아니라, 그 자체로 의미를 생성하는 과정이어야 한다고 보았다. 그는 시를 언어의 실험으로 간주하며, 시인이 사용하는 언어가 새로운 형태의 의미를 창출해 낼 수 있다는 가능성에 주목했다.

이에 글레즈는 시에서 언어의 고유한 속성을 강조하며, 시적 실험을 통해 언어와 의미가 어떻게 끊임없이 재구성되는지 보여 주고자 했고, 그에게 시는 전통적인 서사나 감정의 표현이 아니라, 언어의 한계를 탐색하고, 그 한계를 넘어서는 창작 행위로 여겨졌다. 이러한 문자주의적 접근은 프랑스 시학에 중요한 영향을 미쳤으며, 특히 언어의 내러티브적 기능보다는 언어의 물리적 구조와 형태에 초점을 맞추는 새로운 시적 가능성을 열게 된다.

또한 글레즈는 시적 자아가 시인의 감정이나 자아와 직접적으로 연결된 것이 아니라, 언어가 자체적으로 만들어 내는 구조와 맥락 속에서 형성된다고 주장했다. 이는 전통적인 서정적 자아 개념에 대한 중요한 도전이었으며, 시적 주체를 이해하는 방식을 근본적으로 변화시켰다.

AI 시의 등장으로, 시적 주체의 개념은 새로운 차원에서 재구성되고 있다. AI는 이제 단순한 도구가 아니라, 창작 과정의 중요한 주체로 작용하며, '말하는 주체'가 누구인지에 대한 새로운 논의를 촉발하고 있다. AI가 생성한 시에서 말하는 주체는 단순히 알고리즘 그 자체인가, 아니면 알고리즘을 설계한 프로그래머인가, 아니면 AI에 의해 훈련된 데이터의 결과물인가? 이 질문은 시적 주체에 대한 기존에 고정된 개념을 뒤흔든다. 시적 주체는 이제 더 이상 단일한 존재가 아니라, AI의 알고리즘, 프로그래머의 의도, 학습 데이터의 상호작용 속에서 형성된 복합적인 존재로 이해되어야 한다. 이는 바르트의 '저자의 죽음(La mort de l'auteur)' 개념을 재해석할 필요성을 제기한다. 바르트는 저자라는 개념이 더 이상 텍스트의 의미를 고정하지 않으며, 텍스트는 다양한 인용의 상호작용 속에서 의미를 창출한다고 주장했다. AI는 이와 같은 개념을 알고리즘적 방식으로 구현하고 있으며, 텍스트는 더 이상 특정한 주체의 자아나 의도에서 파생된 것이 아니라, 네트워크와 상호작용을 통해 형성된다.

AI 시에서 주체는 이제 '분산된 창작성(creativite distribuee)'으로 이해될 수 있다. AI 시스템은 다양한 데이터를 기반으로 시를 창작하지만, 그 창작은 하나의 고정된 주체에 의해 이루어지는 것이 아니라, 여러 요소가 상호작용을 하는 과정에서 발생한다. 이와 같은 관점에서, AI 시는 단일한 창작자가 아닌, 복수의 주체들이 연합한 결과물로 볼 수 있다. 또한 AI가 생성한 시에서 독자들이 감지하는 '시적 목소리(voix poetique)'는 단지 알고리즘의 결과물이 아니라, 독자의 해석적 구성물일 수 있다. 이는 AI 시가 고정된 주체를 포함하는 것이 아니라, 독자와 AI의 상호작용을 통해 시적 주체가 형성된다는 점을 시사한다.

AI의 등장으로 시적 주체의 개념은 단순히 해체되는 것이 아니라, 새로운 형태로 재구성되고 있다. 스티글레(Bernard Stiegler)의 기술 철학을 적용하면, AI는 인간 의식의 '외재화(exteriorisation)'의 한 형태로, 인간 주체성의 확장으로 이해될 수 있다. AI는 인간의 창작력을 외부의 기술적 장치로 확장하는 도구로 작용하며, 인간과 AI는 협력하여 새로운 시적 창작을 만들어 내는 것이다. 이는 시적 주체가 고정된 자아로서 존재하는 것이 아니라, 끊임없이 변화하고 변형되며, 인간과 AI 간의 상호작용을 통해 새롭게 구성된다는 점에서 중요한 의미를 지닌다.

이런 점에서 말라부(Catherine Malabou)의 '가소성(plasticite)' 개념은 AI 시대의 시적 주체를 이해하는 중요한 관점을 제공한다. 말라부는 주체가 고정된 실체가 아니라 지속적으로 변형되는 존재라는 점을 강조하며, AI와의 상호작용은 이러한 변형을 가속한다고 주장한다. AI와의 협업은 시적 주체가 지속적으로 변화하고 재구성되는 새로운 가능성을 열어 주며, 이는 전통적인 시적 자아의 고정된 개념을 넘어서는 새로운 창작의 모델을 제시한다.

결론적으로, AI의 등장으로 인간 중심적인 시적 주체의 개념은 도전을 받고 있으며, 그 결과로 시적 주체는 해체되는 것이 아니라, 새로운 형태로 재구성되고 있다. AI와 인간 간의 협력은 시적 창작의 새로운 지평을 열어주며, 시적 주체는 더 이상 고정된 자아나 감정의 표현으로 한정되지 않고, 끊임없이 변화하는 창작의 결과물로서 형성된다. 이는 AI 시대의 새로운 시적 주체를 이해하는 중요한 통찰을 제공한다.

참고문헌

Barthes, R.(1984). La mort de l'auteur, in *Le bruissement de la langue*. Seuil.

Bellocine, S.(2021.5.19). Intelligence artificielle... Mythes, realites et perspectives, in *Hermes*.

Derrida, J.(1967). *L'ecriture et la difference*. Seuil.

Doueihi, M.(2011). *Pour un humanisme numerique*. Seuil.

Foucault, M.(1994). Qu'est-ce qu'un auteur?, in *Dits et ecrits*, tome. I, Gallimard.

Gleize, J.-M.(2014). *Litteralite*. Theoriques.

Malabou, C.(2017). *Metamorphoses de l'intelligence: Que faire de leur cerveau*. PUF.

Meschonnic, H.(2009). *Pour sortir du postmoderne*. Klincksieck.

Quinze, E.(2017). *Le cercle invisible: environnements, systemes,*

dispositifs. Les Presses du Reel.
Stiegler, B.(2018). *La technique et le temps.* Fayard.

10
디지털 뮤즈의 시대

AI는 단순한 도구를 넘어 창작 과정에 적극적으로 참여하며, 우연성과 창의성의 새로운 가능성을 열어 주고 있다. 인간과 기계의 상호작용을 통해 예술의 경계를 확장하며 시적 실험과 시 수용 방식에도 영향을 주고 있는데, 이러한 디지털 뮤즈의 등장은 창작과 예술 경험의 미래를 새롭게 바라보는 계기를 제공한다.

종교와 AI?

AI와 창작의 새로운 가능성

AI의 급속한 발전은 예술 창작, 특히 시 창작에서 중요한 변화를 끌어내고 있다. 고대 그리스에서 시와 예술의 수호신으로 여겨졌던 뮤즈는 이제 '알고리즘'과 '신경망'이라는 형태로 다시 태어나, 인간 창작자와의 새로운 형태의 상호작용을 통해 시적 영감의 원천이자 협력자로 자리 잡고 있다. 디지털 뮤즈(muse numerique)는 전통적인 의미의 뮤즈와는 달리, 단순히 창작의 영감을 제공하는 존재를 넘어서, 인간 창작자와의 협업을 통해 창작 과정에 적극적으로 개입하며 창의성의 범위를 확장하고 있다. AI가 시 창작의 새로운 동반자로서 어떻게 작용하는지, 그리고 그것이 인간의 창작과 어떤 방식으로 상호작용을 하는지를 좀 더 심도 있게 분석할 필요가 있다.

디지털 뮤즈의 작업의 중요한 특징 중 하나는 바로 인간 창작자와의 협업적 관계다. 이 '협업적 창작(collaboration creative)'은 인간과 기계의 경계를 허물고, 창작 과정에서 기계와 인간이 서로를 보완하며 새로운 가능성을 탐구하는 방향으로 나아간다. 전통적으로 창작은 인간의 독립적인 활동으로 간주하였으나, 디지털 뮤즈와의 협업은 시 창작에 대한 새로운 정의를 내릴 수 있게 한다. 이는 인간 창작자가 전통적으로 지닌 고유한 창의적 능력뿐만 아니라, AI가 제공하는 새로운 관점과 형태의 창작을 통해 이루어지는 것이다. AI는 기존의 문학적 패턴과 형식을 분석하고, 그 안에서 새로운 형태의 시적 실험을 가능하게 한다. 이러한 창작의 방식은 기계가 제시하는 예기치 않은 언어적 결합이나 형식의 변화를 인간 창작자에게 제안하며, 이로써 전통적인 시 창작에서 벗어나 새로운 실험을 가능하게 한다.

AI의 역할은 단순히 창작을 보조하는 차원을 넘어서, 시적 실험의 주체로서 작용한다. 자연어 처리 알고리즘과 기계학습 모델은 기존 시적 형식에서 벗어난 새로운 언어적 가능성을 제시하며, 이는 인간 시인들이 시도하지 못했던 실험을 가능하게 만든다. 예를 들어, 기존 시적 형식에서 벗어난 언어의 결합이나 예기치 않은 문장 구조는 AI가 제시하는 창작물에서 자주 발견된다. 이는 AI가 단순히 인간의 시도를 모방하거나 반복하는 것이 아니라, 창작에 새로운 가능성을 제시하며, 인간 창작자가 미처 상상하지 못한 표현 방식을 제안하는 방식으로 작동함을 의미한다. 이러한 점에서 디지털 뮤즈는 '창조적 도전'을 가능하게 하며, 인간 창작자에게 더 넓은 창작의 지평을 열어 주는 중요한 역할을 한다.

AI가 창작에서 중요한 역할을 하는 또 다른 측면은 '우연성의 관리자(gestionnaire du hasard)'라는 개념이다. 자크 루보(Jacques Roubaud)는 '우연성(hasard)'이 시적 창작에서 중요한 역할을 한다고 지적했다. 우연성은 시적 창작에서 필수적인 요소로 작용하지만, 무작위성이 아닌 제어된 우연성에 의해 창조적인 결과물이 탄생할 수 있다는 것이다. AI 시스템은 이러한 우연성을 확률적 모델을 통해 제어할 수 있으며, 그 결과로 예측할 수 없는 형태의 창작물이 생성될 수 있다. 예를 들어, AI는 주어진 데이터를 바탕으로 특정한 규칙을 따르지 않더라도, 기존에 존재하지 않았던 새로운 형태의 문학적 표현을 만들어 낼 수 있다. 이는 인간 창작자가 우연적 요소를 창작 과정에서 의도적으로 조작하거나 조정하는 방식과 유사하다. AI가 생성하는 창작물은 불확실성의 영역을 넘어서, 제어된 우연성의 방식으로 창작되고, 이는 시적 창조의 새로운 가능성을 제시한다.

디지털 뮤즈

디지털 뮤즈는 '증강된 창의성' 개념으로 설명될 수 있는데, 이는 인간 창작자가 AI와 협업함으로써 창의성을 확장할 수 있다는 것을 의미한다. AI는 창작자의 창의적 프로세스를 보조하는 도구로 작용할 수 있으며, 동시에 인간의 직관적 · 감성적 능력과 결합하여 새로운 창작물의 가능성을 열어 준다. 이러한 형태의 협업은 인간과 기계의 이분법을 넘어서며, 두 창작 주체가 함께 일하는 과정에서 창의성의 확장이 이루어지게 된다. AI는 시인의 아이디어나 의도를 구현하는 데 필요한 도구일 수 있으며, 그 결과로 창작물은 인간과 기계가 협력하는 과정을 통해 탄생한다. 이러한 '협업적 창작'은 인간 창작자의 역할이 단순히 아이디어를 제시하는 데 그치지 않고, AI가 제시한 창작적 요소를 조합하여 새로운 형태로 변형시키는 과정을 포함한다.

이렇게 프랑스 현대 시인들은 디지털 뮤즈와의 협업을 통해 창작의 방식을 새롭게 정의하고 있다. 부츠(Philippe Bootz)의 '프로세스 시', 부샤르동(Serge Bouchardon)의 '디지털 레토릭 (rhétorique numérique)', 아브라함(Annie Abrahams)의 '네트워크 퍼포먼스 (performance en réseau)' 같은 방식으로 창작된 작품들은 AI와 인간 시인 사이의 협업적 관계를 강조하며, 디지털 뮤즈가 창작 과정에서 어떻게 중요한 역할을 할 수 있는지 보여 준다. 이들 작품은 디지털 기술이 어떻게 시적 표현을 확장하고, 예술의 새로운 가능성을 열어 수는지에 대한 구체적인 사례를 제시한다. 예를 들어, AI

는 '프로세스 시'에서 일정한 규칙을 기반으로 자동으로 생성된 시를 제공하며, 이는 시인의 창의적 접근 방식에 새로운 차원을 더한다. '디지털 레토릭'에서는 AI가 텍스트의 의미를 분석하고 재구성함으로써 시적 언어의 다양한 변형을 시도하며, '네트워크 퍼포먼스'에서는 AI와 인간 시인 간의 실시간 상호작용을 통해 창작물이 실시간으로 변화하고 발전하는 과정을 보여 준다.

디지털 뮤즈가 프랑스 시에 미치는 영향은 단지 창작의 방식에 그치지 않는다. 디지털 기술과 AI는 시의 감상과 경험 방식에도 중요한 변화를 불러왔다. 전통적인 시 창작은 주로 활자 매체나 구술을 통해 전달되었으나, 디지털 시대에는 시의 감상 방식이 더욱 멀티미디어적으로 확장되었다. 미셸 뮈라(Michel Murat), 아비가일 랑(Abigail Lang), 셀린 파르도(Celine Pardo) 등의 비평가들은 현대 프랑스 시가 무대에서 자주 발표되며, 때로는 음악적 동반이 있고, CD와 DVD, 오디오 또는 비디오 녹음, 클립 또는 비디오 시의 형태로 제공된다고 언급하며, 시가 이제 더 이상 전통적인 방식으로만 감상되는 것이 아니라 다양한 미디어 형식으로 제공되고 있음을 강조했다. 이러한 변화는 시가 더 이상 고립된 문학적 장르로서 존재하는 것이 아니라, 다양한 매체와 결합하여 관객

에게 새로운 형태의 시적 경험을 제공하는 방식으로 발전하고 있음을 시사한다.

AI 시스템이 생성한 이미지와 시의 결합은 특히 주목할 만한 현상이다. '구글 뮤즈(Google Muse)'와 같은 텍스트-이미지 생성 모델은 텍스트 프롬프트를 통해 이미지를 생성하는데, 이는 시적 텍스트의 시각적 표현을 확장하는 중요한 도구가 된다. 이러한 변화는 시와 미술, 시각 예술의 경계를 허물며, 시적 창작의 형식과 경험을 확장하는 데 중요한 역할을 한다. 또한, '네로 뮤즈(Nero Muse)'와 같은 도구를 통해 일반 사용자는 텍스트를 이미지로 변환할 수 있게 되어, 시적 표현의 민주화가 이루어지고 있다. 이러한 도구는 시적 창작의 접근성을 높이며, 더 많은 사람이 시 창작의 과정에 참여할 수 있게 만든다.

디지털 뮤즈의 시대는 그럼에도 몇 가지 비판적 질문을 동반한다. 첫째, AI가 생성한 시는 진정한 창조물인가? AI는 기존 데이터를 학습하고 이를 재조합하는 방식으로 창작을 이루어 내기 때문에, 전통적인 의미에서의 '창조적'이라는 개념에 부합하는지에 대한 의문이 제기된다. 둘째, 디지털 뮤즈와의 협업은 인간 시인의 역할에 어떤 영향을 미치는가? 시인의 주체성, 창작의 주도권, 그리고 저작권 문제는 여전히 중요한 논의 거리로 남아 있다. 셋째, AI가 창작한 시의 미학적 가치는 어떻게 평가되어야 하는가? AI 시의 미학적 기준은 전통적인 문학 비평의 틀을 적용할 수 있는지 아니면 새로운 기준이 필요할지에 대한 논의는 계속되고 있다.

베르나르 스티글러(Bernard Stiegler)는 디지털 기술이 인간의 인지와 감성을 확장하는 '외재화된 기억(memoire exteriorisee)'의 형태로 이해되어야 한다고 주장했다. 이 관점에서 디지털 뮤즈는 인간 창의성의 외재화이자 확장으로 볼 수 있으며, 이는 인간과 기계 사이의 이분법적 구분을 넘어서, 새로운 미학적 및 철학적 프레임워크를 요구한다. 디지털 뮤즈는 단순히 도구가 아니라 창의성의 확장으로서 인간의 인지적, 감성적 잠재력을 새로운 방식으로 표현하게 하는 중요한 존재로 자리 잡고 있다.

결론적으로, 디지털 뮤즈의 시대는 프랑스 시의 새로운 장을 열고 있으며, AI와 인간 창의성이 협력하는 방식으로 시 창작의 미래를 탐구하는 길을 열어 주고 있다. 디지털 기술과 AI는 이제 시 창작의 새로운 뮤즈로 등장하며, 창작의 방식과 예술적 경험을 더욱 다채롭고 혁신적으로 변화시키고 있다. AI는 단순히 도구의 역할을 넘어, 창작 과정에서 인간의 창의성을 확장하고 심화하는 중요한 파트너로 자리매김하고 있다. 이러한 변화는 시적 실험의 범위뿐만 아니라, 시를 감상하고 경험하는 방식에도 깊은 영향을 미치고 있다.

디지털 뮤즈는 인간과 기계 사이의 협업을 통해 창작물을 더욱 혁신적으로 변형할 기회를 제공한다. 예술 창작에서 기계는 단순히 텍스트를 반복하거나 모방하는 데 그치지 않고, 미처 인간 창작자가 상상하지 못한 새로운 아이디어를 제공한다. 예를 들어, AI는 인간 창작자가 설정한 특정 패턴에 맞추어 창작을 하지만, 그 과정에서 예상치 못한 결과물을 생성하기도 한다. 이는 창작자에게 새로운 시적 아이디어를 제공하며, 전통적인 시 창작의 경계를 넘는 기회를 부여한다. 또한 AI의 이러한 특성은 '우연성'과 같은 창작의 필수 요소를 효과적으로 다룰 수 있는 능력을 갖추고 있다. 예술 창작에서 우연성은 매우 중요한 요소로 작용하며, AI는 무작위적이지만 제어된 방식으로 이러한 우연성을 다룰 수 있는 능력을 보유하고 있다. 이를 통해, 시 창작은 예측할 수 없는 독특한 형식과 내용을 창출하며, 이는 예술가에게 창의적인 자극을 제공하고 창작의 폭을 넓힌다.

이와 같은 디지털 뮤즈와의 협업은 단순히 창작의 효

율성을 높이는 것에 그치지 않고, 시적 경험의 확장에도 기여한다. 디지털 시대에 접어들면서, 시의 감상 방식은 더욱 멀티미디어적이고 다채로운 차원으로 확장되었다. 과거에는 활자와 음성으로만 전달되던 시가 이제는 영상, 음향, 그리고 디지털 인터페이스를 통해 감상될 수 있게 되었으며, 이는 시와 예술의 경계를 허물고 새로운 형태의 미적 경험을 가능하게 만든다. 예를 들어, '비디오 시'와 같은 형태는 시의 텍스트를 이미지나 영상을 통해 시각적으로 해석하고 표현하며, 디지털 기술을 통해 시의 의미와 감동을 더욱 직관적으로 전달할 수 있다. 또한, AI와의 협업은 시 창작이 단지 텍스트의 창조에 그치지 않고, 시각적 · 음향적 요소가 결합한 형태로 발전할 수 있도록 한다. 이에 따라, 시는 단순히 읽는 것이 아니라, 더 깊은 감각적 경험을 통해 전달되며, 이러한 경험은 시의 미학적 차원도 확장하고 있다.

AI가 창작 과정에서 미치는 영향은 단지 시적 형식의 변화에만 국한되지 않는다. 디지털 뮤즈는 시 창작의 방법론에 근본적인 변화를 초래하고 있으며, 이는 시인의 역할과 창작의 주도권을 재구성하는 과제로 이어진다. 전통적으로 시인은 창작의 주체로서 독립적인 존재였으며, 창작의 모든 과정에서 주도적인 역할을 했다. 그러나 디지털 뮤즈와의 협업은 이 주도권을 변화시키며, 시인은 더 이상 창작의 독립적인 주체가 아니라, AI와 협력하는 공동 창작자의 역할을 하게 된다. 이러한 변화를 통해, 창작의 과정은 인간과 기계의 상호작용 속에서 새로운 형태로 재구성되며, 이는 창작자의 창의적 역할을 더욱 확장할 기회를 제공한다.

디지털 뮤즈가 창작에 미치는 영향은 저작권과 같은 법적, 윤리적 문제로도 이어진다. AI가 생성한 시나 예술 작품에 대한 저작권 문제는 현재 진행 중인 중요한 논의 중 하나다. 기존의 저작권 법은 인간 창작자에게 창작의 주도권을 부여하는 방식으로 설계되어 있으므로, AI가 생성한 창작물에 대해 어떤 권리가 부여되어야 하는지에 대한 명확한 기준이 필요하다. 또한, 인간 창작자가 AI의 도움을 받았을 때 그 창작물의 소유권이 누구에게 귀속되는지도 중요한 문제로 대두된다. 이러한 법적, 윤리적 논의는 디지털 뮤즈와의 협업이 상업적 혹은 창작적 맥락에서 어떻게 영향을 미치는지에 대한 깊은 고민을 요구한다.

결론적으로, 디지털 뮤즈의 등장은 시 창작의 미래에 대해 새로운 전망을 제시하고 있다. AI는 단순한 노구로서의 역할을 넘어, 인간 창작자와 협업하는 창의적인 파트너로서 시 창작의 경계를 넓히고 있으며, 이는 예술과 문학의 새로운 장을 여는 계기가 된다. 디지털 뮤즈와의 협업을 통해, 시는 더 이상 인간의 독립적인 창작물로만 존재하는 것이 아니라, 기계와 인간의 협력이 만들어 낸 새로운 형태의 예술로 자리 잡고 있다. 이러한 변화는 단지 창작의 형식적인 변화에 그치지 않고, 예술을 소비하고 감상하는 방식, 그리고 예술의 존재 이유까지도 재조명하게 만든다. 디지털 뮤즈와의 공존은 단순히 창작의 혁신을 넘어서, 예술과 인간 창의성에 대한 새로운 접근 방식을 열어 주는 중요한 기회를 제공하고 있다.

따라서 디지털 뮤즈의 시대가 프랑스 시와 예술의 전통적인 개념을 어떻게 확장할 수 있는지에 대한 탐구는 계속될 것이며, AI와 인간의 협업을 통해 창조되는 새로운 형태의 예술은 그 가능성을 더욱 넓혀 갈 것이다. 이러한 혁신적인 변화는 시 창작뿐만 아니라, 모든 예술 장르에서 중요한 전환점을 의미하며, 디지털 기술이 예술 창작에 미치는 영향을 더욱 깊이 이해하고 반영하는 데 중요한 기초가 될 것이다. AI와 인간 창작자의 협업은 미래 예술의 중요한 방향성을 제시하며, 디지털 뮤즈의 존재는 창작의 가능성을 무한히 확장하는 데 중요한 역할을 할 것이다.

참고문헌

Kerinska, N.(2014). *Art et Intelligence artificielle: dans le contexte d'une experimentation artistique*, these universite Paris 1 – Pantheon-Sorbonne.

Lang, A. et al.(2019). *Archives sonores de la poesie*. Les Presses du Reel.

Manovich, L.(2010). *Le langage des nouveaux medias*. Les Presses du Reel.

Marsal, F.(2016). *Jacques Roubaud: Prose de la memoire et errance chevaleresque*. Presses universitaires de Rennes.

Puff, J.-F.(2015). *Dire la poesie?*. Editions Cecile Defaut.

Stiegler, B. et al.(2014.1.1). Le numerique empeche-t-il de penser?, in *Esprit*.

Stiegler, B.(2016). *Dans la disruption: Comment ne pas devenir fou?*. Les Liens qui Liberent.

곽민석

중앙대학교 프랑스어문학과 연구교수로 재직 중이다. 프랑스 파리4대학(파리-소르본)에서 "랭보의 일뤼미나시옹 시집에 나타난 시적 현대성" 논문으로 프랑스 문학 박사 학위를 취득했다. 연세대학교 불어불문학과 및 동 대학원을 졸업했다. 프랑스 문학과 문화, 그리고 그리스 신화에 관한 연구와 강의를 하고 최근에는 현대 사회의 다문화-다매체 주제에 관해서 집중적으로 연구하고 있다. 주요 저서로 《파괴와 창조의 방랑시인 랭보》(2014), 《프로메테우스 시인 랭보》(2018), 《초연결 시대의 문화 정체성과 다양성: 프랑스의 다문화 정책과 한국의 길》(2025), 번역서로 《랭보 시선》(2012), 《지옥에서 한 철/투시자의 편지》(2023), 《소크라테스의 죽음》(2024) 등이 있다. 또한 "프랑스 현대시의 시적 《다시쓰기 réécriture》", "랭보와 라포르그 시 세계에 나타난 시적 파괴와 혁신", "광기 개념과 현대적 글쓰기 주체", "프랑스 '세속주의(라이시테)'와 '다문화주의'의 상호작용에 대한 사회-문화적 분석" 등 다수의 논문을 발표했다.